古本十三經注疏

春秋公羊傳註疏

[漢]何休注　[唐]徐彦疏　[唐]陸德明音義

上海古籍出版社

春秋公羊傳注疏

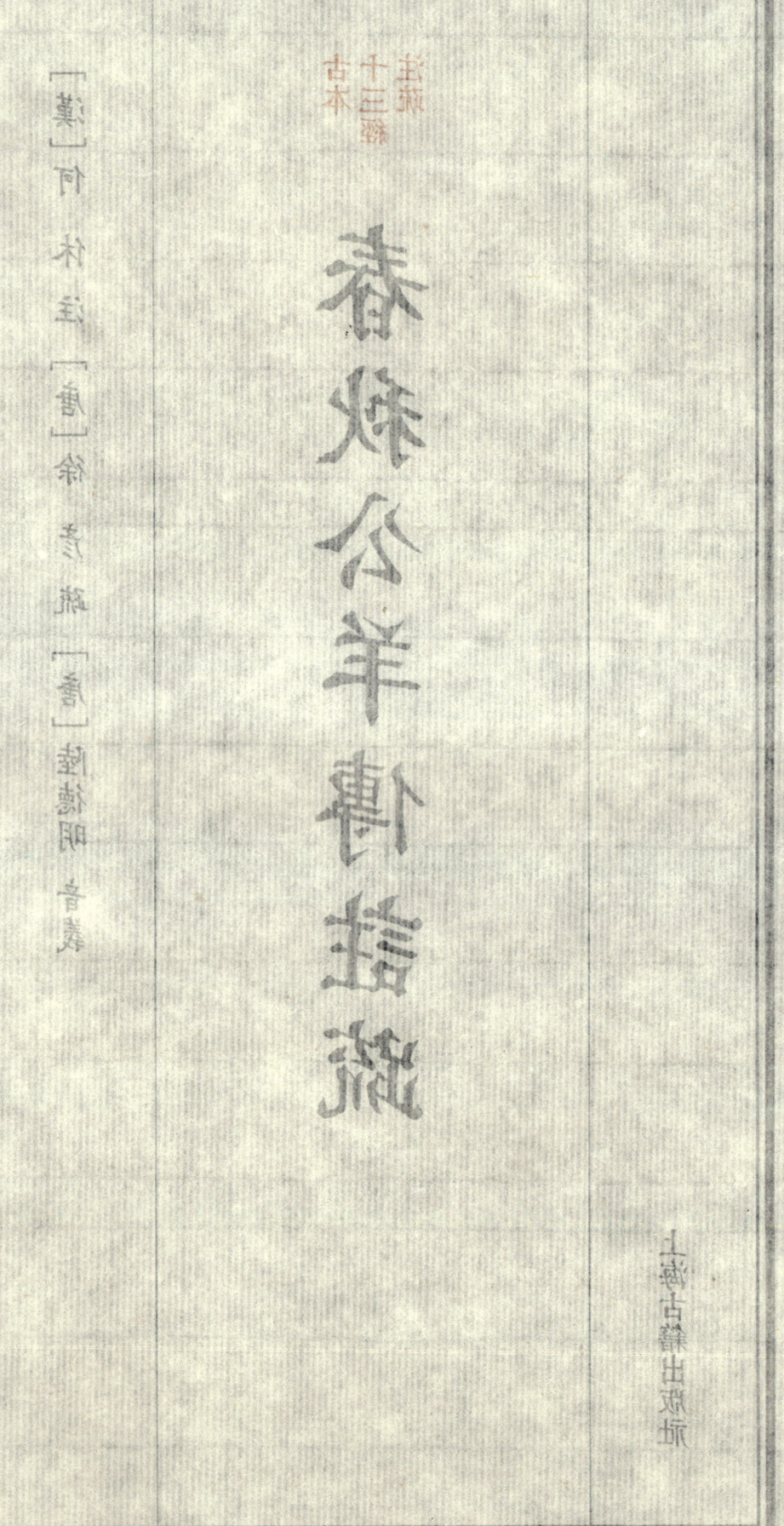

[漢]何休注 [唐]徐彥疏 [唐]陸德明音義

上海古籍出版社

監本附音春秋公羊註疏成公卷十七 起元年盡十年

何休學

元年，春，王正月，公即位。○二月，辛酉，葬我君
宣公。○無冰。周正月，夏十一月。尚書曰舒恒燠若。易京
房傳曰當寒而温倒賞也。是時成公幼少，
季孫行父專權而委任之所致。○舒，相如字，緩也。疏 注尚
尚書作豫。奧，本又作燠，於六反，煖也。少，詩召反。書至
燠若。○解云：洪範文。舒，遲也；恒，常也；若，順也。言人君舉事太
舒，則有常燠之咎氣來順之是也。○注易京至賞也。○解云：
凡爲賞罰，宜出君門，而臣下行之，故曰倒賞也。是以洪範云
唯辟作福，唯辟作威，唯辟玉食。鄭氏云：此凡君抑臣之言也。
作福，專慶賞；作威，專刑罰；王食，備珍美。又云：臣之有作福作
威玉食，其害于而家，凶于而國。鄭氏云：害于汝家，福去室；凶
于汝國，亂下民，是也。然則是時成公幼少，季孫專政，是以
無冰矣。桓十四年無冰之下，何氏云：此夫人淫泆，陰而陽行
之所致。襄二十八年無冰之下，何
氏云：歛蝎爲政之所致。皆與此注合。○三月，作丘甲。何以

書？譏。何譏爾？譏始丘使也。四井爲邑，四邑爲丘。甲，
鎧也。譏始使丘民作鎧
也。古者有四民：一曰德能居位曰士，二曰辟土殖穀曰農，三
曰巧心勞手以成器物曰工，四曰通財貨曰商。四民不相兼，
然後財用足。月者，重錄之。○鎧，疏 譏始丘使也。○解云：謂
苦代反。辟，婢亦反。粥，羊六反。不辨能否，以丘責甲，故
譏之矣。○注四井至爲丘。○解云：司馬法文，周禮經亦然。○
注古者至錄之。○解云：四民之言出齊語也。德能居位曰士
者，即彼云處士就閒宴是也。辟土殖穀曰農者，即彼云處農
就田野是也。巧心勞手以成器物曰工者，即彼云處工就官
府是也。通財粥貨曰商者，即彼云處商就市井是也。云月者
重錄之者，欲道宣十五年秋初稅畝，哀十二年春用田賦，皆
書時，今書月，故如此解。○夏，臧孫許及晉侯盟于赤棘。時者，謀結
鞌之戰，不相負也。後爲晉所執不日者，疏 注時者至負也。
執在三年外，尋舊盟後，非此盟所能保。○解云：正以春秋
之義，大信者書時故也。鞌之戰在下二年。○注後爲至能保。
○解云：春秋之義，不信者日，故如此注也。言後爲晉所執者，
即下十六年九月晉人執季孫行父，舍之於招丘是也。言執
在三年外，尋舊盟後者，即下三年冬十有一月晉侯使荀庚

[illegible]

宣公○經元年春王正月公即位○三月遂以夫人[illegible]

[illegible]

監本附音春秋公羊注疏卷十五

何休學

來聘丙午及荀庚盟傳云此聘也其言盟何聘而言盟者尋舊盟也是秋王師敗績于
貿戎孰敗之蓋晉敗之以晉比侵柳圍郊知王師討晉而敗之○貿伐音茂一音
茅左氏作茅戎【疏】注以晉至茅戎○解云宣元年冬晉趙穿帥師侵柳傳云柳者何天子之邑也曷爲不繫乎周
不與伐天子也者是晉侵柳之事昭二十三年春晉人圍郊傳云郊者何天子之邑也曷爲不繫于周不與伐天子也者
是晉人圍郊之事然則圍郊之事超在此經之後得如此明義者正以往前晉人侵柳已犯天子至於在後圍郊復犯天
子二經之間天子敗績据上下更無餘國犯王之處故知正是天子討晉而爲所敗故如此解或曰貿戎
敗之以地貿戎故【疏】注以地貿戎故○解云蓋晉侯不臣知王討之逆往敗之亦何傷然
則曷爲不言晉敗之据侵郲圍郊言晉王者無敵莫敢
當也正其義使若王自敗于貿戎莫敢當敵敗之也不日月者深正之使若不戰【疏】王者至當也
解云春秋之義託魯爲王而使舊王無敵者見任爲王寧可會奪正可時時內魯見義而已○注不日至不戰○解云正

以春秋之例偏戰者日詐戰者月故如此解○冬十月
二年春齊侯伐我北鄙○夏四月丙戌衛孫
良夫帥師及齊師戰于新築衛師敗績○築音竹○
六月癸酉季孫行父臧孫許叔孫僑如公孫
嬰齊帥師會晉郤克衛孫良夫曹公子手及
齊侯戰于鞌齊師敗績曹無大夫公子手何
以書据羈無氏○公子手一本作午左氏作首鞌音安【疏】注据羈無氏○解云即莊二十四年冬曹
羈出奔陳傳曰曹羈者何曹大夫也注云以小國知無氏爲大夫然則曹爲小國例無大夫假有須見者仍名氏不具以
此言之則是不合有大夫之限故傳云曹無大夫公子手何以書憂内也春秋託王于魯因假以見王法
明諸侯有能從王者征伐不義克勝有功當襃之故與大夫大夫敵君不貶者隨從王者大夫得敵諸侯也不從内言敵

之者君子不掩人之功故從外言戰也魯舉四大夫不舉書
者惡内多虛國家悉出用兵重録内也。以見賢徧反年末
注同惡烏路反 疏 注以下及至侯也。解云欲决僖二十八年夏晉
侯以下及楚人戰于城濮楚師敗績即傳云此
大戰也曷爲使微者子玉得臣也子玉得臣則其稱人何貶
曷爲貶大夫不敵君也注云臣無敵君戰之義故絶正也然
則彼是大夫敵君故貶之此不貶者隨從王者大夫有得敵
諸侯之義故也以此言之即知宣十二年晉荀林父亭于楚
子之上爲惡者時無王者大夫故也。注不從至戰也。解
云桓十年冬齊侯衛侯鄭伯來戰于郎傳云此偏戰也何以
不言師敗績内不言戰言戰乃敗矣注云春秋託王於魯戰
者敵文也王者兵不與諸侯敵戰乃其已敗之文故不復言
師敗績矣然則此戰之内有魯大夫若從魯爲文宜直云季
孫行父以下敗齊師于鞌而已但以君子不掩人功故從外
爲文言戰于鞌齊師敗績耳何氏必知此解者正以桓十三
年春二月公會紀侯鄭伯己巳及齊侯宋公衛侯燕人戰齊
師宋師衛師燕師敗績傳云内不言戰此其言戰何從外也
曷爲從外恃外故從外也何氏云明當歸功乎紀鄭言戰然
則此亦歸功于晉衛不
掩其功故從外言戰也 ○秋七月齊侯使國佐如

師己酉及國佐盟于袁婁君不使乎大夫此
其行使乎大夫何 據高子來盟魯無君不稱使不從王者大夫稱使者實晉郤克爲主經先晉傳舉郤克是也。不使所吏反下及注使乎大夫同 疏 注據高至稱使。解云即閔二年齊高子來盟
傳云何以不稱使我無君也何氏云時閔公弒僖公未立故
正其義明君臣無相適之道也春秋謹於別尊卑理嫌疑故
絶去使文以起事張例則所謂君不行使乎大夫也者是。
注不從至是也。解云經先晉謂未戰之時經已言及晉使
盟于赤棘是也。云傳舉郤克是也者即下傳云師還齊侯晉
郤克投戟逡巡再拜稽首馬前之屬是也或者言先晉正謂
會晉郤克是也何者序四大夫乃言會晉郤克則似郤克先
在是而四大夫往會之是爲先晉之文猶如宣元年宋公陳
侯以下會晉師于斐林伐鄭然
佚獲也 佚獲者已獲而逃亡也當絶賤使與大夫敵體以起之君獲不言師敗績等起不去師敗績者辟内敗文。佚獲音逸下同一本作佚去起呂反 疏 注君獲至敗文。解云言君獲不
言師敗績者即僖十五年冬晉侯及秦伯戰于韓獲晉侯傳
云此偏戰也何以不言師敗績君獲不言師敗績也注云舉

[illegible]

君獲爲重也是也然則君若被獲則不言師敗績今此經書欲起見齊侯被獲何不去師敗績以見之而書使乎大夫以起之者正欲辟内敗之文故也何者春秋王魯内不言戰言戰乃敗若直言季孫行父以下及齊侯戰于鞌不言齊師敗績則是内敗之文

其佚獲奈何師還齊侯還繞。還音環注同晉郤克投戟逡巡再拜稽首馬前逢丑父者頃公之車右也人君驂乘有車右有御者。逡七巡反頃音傾乘繩證反

疏晉郤至馬前。解云禮介者不拜而郤克再拜者蓋齊師已敗行賓命之禮投戟之後得再拜矣若當戰之時將軍有不可犯之色寧有拜乎故表記曰君子衰絰則有哀色端冕則有敬色甲胄則有不可辱之色鄭注云言色稱其服也是

面目與頃公相似衣服與頃公相似禮皮弁以征故言衣服相似頃公有負晉會之心故特異丑父備急欲以自代

疏注禮皮弁以征。解云時王之礼即昭二十五年注云皮弁以征不義是也韓詩傳亦有此文。注頃公至之心。解云即下傳云前此者晉郤克與臧孫許同時而聘于齊則客或跛或眇於是

使跛者迓跛者眇者迓眇者是也

代頃公當左升車象陽陽道尚左故人君居左臣居右。尚時亮反使頃公取飲頃公操飲而至不知頃公將欲堅敵意邪勢未得去邪。公操七刀反特也曰革取清者革更也軍中人多水泉濁欲使遠取清者因亡去。頃公用是佚而不反不書獲者內大惡諱

疏注不書至惡諱。解云獲人君故爲大惡是以諱而不書也若獲大夫則當書之是以莊十二年傳云万嘗與莊公戰獲乎莊公數月然後歸之何氏云獲不書者士也然則万若大夫書之明矣

逢丑父曰吾賴社稷之神靈吾君已免矣郤克曰欺三軍者其法奈何顧問執法者曰法斮斮斬。斮莊略反又仕略反斬也

疏曰法斮。解云釋器云魚曰斮之樊光云斮斫也又說文云斮斬也故此何氏亦云斮斬也

於是斮逢丑父丑父死君不賢之者經有使乎大夫於王法頃公當絕如賢丑父是賞人之臣絕其君也若以丑父故不絕頃公是開諸侯戰不能死難也如以衰

[illegible]

曰[illegible]

吾已[illegible]矣[illegible]

[illegible]

[illegible]公[illegible]

[illegible]

[illegible]公[illegible]

[illegible]

[illegible]

[illegible]公[illegible]不[illegible]公[illegible]

[illegible]

[illegible]

古之[illegible]

[illegible]

毋無絕頃公者自齊所當善尒非王法所當貴○難乃旦反【疏】注君以至難也○解云言君以丑父故不絕頃公似若襄二十九年吳子使札來聘傳曰吳無君無大夫此何以有君有大夫賢季子也何賢乎季子讓國也賢季子則賢君許使臣有大夫故宜有君矣今若以丑父賢以為齊國宜有君而不絕頃公即剝諸侯不死社稷○注如以至得貴○解云丑父權以免齊侯是以齊人得善之但春秋為王法是以不得貴耳而公羊說解疑論皆譏丑父者非何氏意不足為妨

己酉及齊國佐盟于袁婁曷為不盟于師而盟于袁婁据國佐如師前此者晉郤克與臧孫許同時而聘于齊不書恥之【疏】注不書恥之謂魯使尊卿聘齊為所侮戲假藉大國而晉其恥是以不書如齊恥之矣其郤克不書者自從外相如之例○注臧孫許眇也者正以當聘之時无有內魯之義晉為大國郤克宜先而魯曾宜後傳先言或跛故知眇者是臧孫許矣或曰一本云臧孫許跛舊解傳言容或跛或眇据魯亭上者非也案此一句注宜在不書恥之下今定本無疑脫誤也蕭同姪子者齊君之

母也蕭同國名姪子者蕭同君姪娣之子嫁於齊生頃公○姪大結反又文乙反踊于棓而窺客踊上也凡無高下有絕加躡板曰棓齊人語○踊音勇上也棓普口反又步侯反高下有絕加躡板曰踏而闚去規反本又作窺上時掌反躡女輒反【疏】注凡無至曰棓○解云無高下猶言莫問高下但當有縣絕而加躡板者皆曰棓矣則客或跛或眇於是使跛者迓跛者使眇者迓眇者迓迎也卿主迎客也聘禮賓至大夫率至于館卿致館宰夫朝服致飧腍厥明至于館○跛布可反眇亡小反迓本又作訝五嫁反迎也飧音孫腍而審反【疏】注聘禮至于館○解云皆聘禮文大夫出相與踦閭而語閭當道門閉一扇開一扇一人在外一人在內曰踦閭踦別根為齊所侮戲謀伐之而不欲使人聽之○踦閭居倚反踦足也又音於綺反初義反何云閉一扇開一扇一人在外一人在內曰踦閭移日然後相去齊人皆曰患之起必自此始知必為國家憂明芻蕘之言不可廢且起頃公不覺寤○芻初俱反蕘如遙反二大夫

歸相與率師爲鞌之戰齊師大敗齊侯使國
佐如師郤師勝猶不解往聞之郤克曰與我紀侯之甗甗齊襄公滅
紀所得甗邑其土肥饒欲得之或說甗玉甑○甗音言又魚輦反又音彥邑也疏注齊襄公至甗邑○解云襄公
滅紀者即莊四年夏紀侯大去其國是也正以繫紀侯言之故知紀邑而或說云甗玉甑者蓋以右傳一云賂以紀甗玉磬
又別言與地明甗是器名非地故以玉甑解之反魯衛之侵地使耕者東
畝使耕者東西如晉地疏注使耕至晉地○解云蓋晉地公谷川宜東畝者多故言此是以下傳云使耕東
畝是則土齊也何氏一云則晉悉以齊爲土地是不可行者是其晉東畝之義也舊云如者往也使齊東西其畝往來於晉
也易非公詳意也且以蕭同姪子爲質見傳蕭本由蕭同姪子○爲質音致下注
及下同則吾舍子矣國佐曰與我紀侯之甗請諾
反魯衛之侵地請諾使耕者東畝是則土齊

也則晉悉以齊爲土地是不可行疏是則土齊○解云亦有一本云是則土齊曰不可也者○蕭
同姪子者齊君之母也齊君之母猶吾君之
母也不可言至尊不可爲質請戰如欲使耕者東西畝質齊君之母當請戰壹戰
不勝請再再戰不勝請三言齊雖敗尚可三戰三戰不勝則
齊國盡子之有也何必以蕭同姪子爲質揖而
去之郤克眣魯衛之使使以其辭而爲之請
郤克眣傷其威故使魯衛大夫以國佐辭爲國佐請○眣音舜又丑乙反又徒結反之使所吏反爲之于僞反注皆同
然後許之逮于袁婁而與之盟逮及也追及國佐于袁婁也傳極道
此者本禍所由生因録國佐受命不受辭義可拒則拒可許則許一言使四國大夫汲追與之盟疏注因録國
至與之盟○解云其受命小受辭者即莊十九年傳云聘禮大夫受命不受辭是也○八月壬午

宋公鮑卒○鮑白卯反○庚寅衛侯遬卒○遬音速○取汶
陽田汶陽田者何鞌之賂也以國佐言反魯衛之侵地請諾本所浸地
非一總繫汶陽者省文也不言取之齊者恥內乘勝脅齊求賂得邑故諱使若非齊邑○汶音問疏汶陽田者
何○解云欲言是國曾來未有欲言非國乃與取邾婁田同文故執不知問○注本所侵地至省文也○解云知侵非一
者正以下二年秋叔孫僑如率師圍棘傳云棘者何汶陽之不服邑也以此言之則知汶陽大畔之名明矣○注不言至非
齊邑○解云決襄十九年春取邾婁田自漷水繫邾婁言之故也○冬楚師鄭師侵
衛○十有一月公會楚公子嬰齊于蜀○丙
申公及楚人秦人宋人陳人衛人鄭人齊人
曹人邾婁人薛人鄫人盟于蜀此楚公子嬰
齊也其稱人何諾會而盟一処知一人也○処昌慮反疏鄭人齊人至盟于蜀○解

云亦有一本無齊人者脫也得一貶焉爾得一貶者獨此事得具見其惡故貶之亦不然則
當沒公也如齊高傒矣不沒公者明不壬爲公故也上會不亭諸侯大夫者嬰齊驕蹇臣也數道其君率諸侯侵
中國故獨先舉於上乃貶之明本在嬰齊當先誅其本乃及其末○數道所角反下音導疏得一貶焉爾者解云
正以於此処得一貶焉爾○注不然則至高傒矣○解云即莊二十二年秋及齊高傒盟于防傳云公則曷爲不言公諱
與大夫盟也○注不沒公至公故也○解云言高傒本意公故恥之今嬰齊者上自元性驕蹇不壬爲公是以春秋不
沒公以見之矣○注數道至侵中國○解云即宣十四年秋楚子圍宋十五年夏宋人及楚人平上文冬楚師鄭師侵衛之
屬是也以其非一故謂之數也
三年春王正月公會晉侯宋公衛侯曹伯伐
○辛亥葬衛繆公○繆音穆○二月公自伐鄭○甲
子新宮災三日哭新宮者何宣公之宮也以无

新宮知宣公之宮廟【疏】二月公至自伐鄭○解云莊公六年傳云得意致會不得意致伐何氏云此謂公與二國以上也然則此言至公自伐鄭者不得意故也莊六年注云皆㒳時今此書二月者爲下甲子出也○新宮者何○解云欲言宮廟未有新公之名欲言非廟言宮宰災故執不知問○注以无新宮知宣公之宮廟者正以春秋上下無新公宮則知此言新宮者正是其父宣公之宮以其至近被災故謂之新宮災

宣宮則曷爲謂之新宮不忍言也親之精神所依而災孝子隱痛不忍正言也謂之新宮者因新入宮易其西北角示昭穆相繼代有所改更也【疏】注謂之新宮至有所改更也者○解云即穀梁傳云壞廟之道易檐可也者是易其西北角之檐也乎故爾雅釋宮云西北隅謂之屋漏是也孫氏曰當室之日光所漏入也不與何氏別

其言三日哭何據桓僖宮災不言三日哭【疏】注據桓至日哭者即下哀三年夏辛卯桓宮僖宮災是也

廟災三日哭禮也善得礼痛傷鬼神無所依歸故君臣素縞哭之○縞古老反【疏】注善得礼至縞哭之○解云即檀弓下曰有焚其先人之室則三日哭鄭氏云謂人燒其宗廟哭者哀精神之有所傷故此注云善得禮痛傷鬼神无所依歸是也云故君臣素縞哭之者謂著素衣縞冠哭之

新宮災何以書記災也此象宣公篡立當誅絕不宜列昭穆成公幼少臣威大重結怨彊齊將不得久承宗廟之應○幼少詩召反下同大重音泰一音他賀反【疏】注此象至昭穆○解云案桓公亦篡立不咎其宮者蓋以桓母言媵次第宜立隱公攝位又不還天示其變隱猶不覺是以隱九年三月癸酉大雨震電何氏云周之三月夏之正月雨當小雪雜下雷當開於地中電未可見而大雨震電此陽氣大失其節猶隱公久居位不反於桓失其宜也然則桓正宜立隱是左媵之子據位失宜而桓弑之雖曰篡君其罪差輕是以不災其廟豈若宣公以庶篡適其子失政將不得久承宗廟之應故災其宮矣而哀三年五月辛卯桓宮僖宮災者彼是已毀後復立之是不宜立故天災之不謂怨其篡隱也

○乙亥葬宋文公○夏公如晉○鄭公子去疾率師伐許○去起呂反○公至自晉○秋叔孫僑如率圍棘棘者何汶陽之不服邑也棘民初未服於魯○

〔疏〕棘者何。解云欲言內邑不應言圍之欲言外邑不繫於
国故執不知問。注棘民初未服於魯。解云言初未
服者欲言終服於魯矣知終服者正以汶陽田者大畔之名棘
者乃是其小邑上二年經取汶陽田以知尽得之但有不服
之意故魯圍之若然公羊之義以圍者為不克之文
若其得之而言圍者正謂當時未克何妨終得之乎 其言
圍之何 据國內兵不舉〔疏〕注据國內兵不舉者。解云即定八
年傳云公斂處父帥師而至經不書之是也
不聽也 不聽者叛也不言叛者為內諱故書圍以起之不先以文德來之而便以兵圍之當與圍
外邑同罪故言圍也得曰
取不得曰圍。爲于僞反〔疏〕注當與圍外邑至圍也者欲
書者惡其失所令與圍外邑同矣。注得曰取不得曰圍。
解云取者是得之文故言得曰取也即上文取汶陽田及哀九
年春宋皇瑗帥師取鄭師于雍丘之屬是也故傳云其言取
之何易也其易奈何詐之也何氏云詐謂陷阱音穽之類也
其不得曰圍者即定四年楚人圍蔡之
屬是也正以圍而去者非克之故也 ○大雩 成公幼少大臣秉政
變亂政教先是作丘甲爲寡之〔疏〕注先是作丘甲者。解
戰伐鄭圍棘不恤民之所生 云在上元年二云爲寡之

戰者在上二年云伐鄭者在上
正月也云圍棘者在上文秋也 ○晉郤克衛孫良夫
伐將咎如。將咎如音古刀反左氏作廧咎如〔疏〕伐將咎如者左氏將作廧字 ○
冬十有一月晉侯使荀庚來聘。衛侯使孫
良夫來聘。丙午及荀庚盟。丁未及孫良夫
盟此聘也其言盟何 据不舉重嫌生事故此以輕問重也〔疏〕注据不舉至重
也。解云春秋之義舉重略輕即莊十年傳戰不言伐圍不
言戰入不言圍滅不言入書其重者也是也今聘盟兩受命
書故云不舉重矣云嫌生事者嫌是荀庚初受君命但聘而
已至及於魯生事而盟故曰嫌生事矣云故此以輕問重也
者聘輕而盟重即此傳云此聘也其言盟何是也 聘而言盟者尋舊盟也 尋猶
尋繹也以不舉重連聘而言之知尋繹舊故約誓也書者惡
之詩曰君子屢盟亂是用長二國既脩禮相聘不能相親信
反復相疑故舉聘以非之。繹音亦惡之烏路
反下同屢力住反用長丁丈反反復扶又反〔疏〕注不舉至約誓

解云若其特結約誓當也舉重即文十五年三月宋司馬華孫來盟宣七年春衛侯使孫良夫來盟之屬皆因聘而為之不言聘而言盟故知特結盟此則言聘又言盟故知非特○注盟而尋繹舊盟矣故傳云聘而言盟者尋舊盟也

鄭伐許謂之鄭者惡鄭襄公與楚同心數侵伐諸夏自此之後中國盟會無已兵革數起夷狄比周為黨故夷狄之○數侵所角反下同比毗志反

四年春宋公使華元來聘○三月壬申鄭伯堅卒○伯臤苦刃反本或作堅疏鄭伯堅卒者○解云左氏作堅字穀梁作臔字今定本亦作堅字○杞伯來朝○夏四月甲寅臧孫許卒○公如晉○葬鄭襄公○秋公至自晉○冬城運○

鄭伯伐許未踰年君稱伯者時樂成君位親自伐許故如其意以著其惡疏註未踰年至其意以著其惡○解云正以莊三十二年傳云君存稱世子君薨稱子某既葬稱子踰年稱公即僖二十五年夏衛侯燬卒秋葬衛文公冬衛子莒慶盟于洮是也今此鄭伯未踰年而已稱伯故如此注云

五年春王正月杞叔姬來歸婚歸不書與郯伯姬同疏註婚歸不書與郯伯姬同○解云即宣十六年秋郯伯姬來歸何氏云嫁不書者為媵也來歸書者後為嫡也棄歸例有罪時無罪月是也然則今書月者無罪之文矣○仲孫蔑如宋○夏叔孫僑如會晉荀秀于穀○荀秀左氏作荀首○梁山崩梁山者何河上之山也梁山崩何以書記異也何異爾大也何大爾梁山崩壅河三日不沂故不日以起之不書壅河者舉崩大為重○壅於勇反沂音流疏梁山者何○解云欲言晉山文不繫晉欲言魯物見在晉竟故執不知問○注故不日以起之○解云謂起其三日不沂也則但一日不可不書日矣若無所起例當書日即僖十四年秋八月辛卯沙鹿崩是也外異不書此何以書為天下記異也

山者陽精德澤所由生君之象河者四瀆所以通道中國正道同說山崩壅河者此象諸侯失勢王道絶大夫擅恣爲海內害自是之後六十年之中弑君十四亡國三十二故溴梁之盟徧刺天下之大夫

疏 外異不書者正以文十一年長狄之齊晉不之故也○注河者至道同○解云繹水云江河淮濟爲四瀆四瀆者發源注海者也○注記山至河者○解云壅河不書而言記壅河者止以不書曰以起壅河三日不沇之義故亦謂之記壅河矣○注自是之後至亡國三十二春秋說文君對經數之從今以後訖於六十年則不及於此數何者自今以後盡昭十六年弑君止有十亡國止有九即襄二十五年齊崔杼弑其君光吳子門于巢爲巢人所弑二十六年衛甯喜弑其君剽二十九年閽弑吳子餘祭三十年蔡世子般弑其君固三十一年莒人弑其君密州昭公八年陳招殺偃師十一年楚子殺蔡侯般十三年楚公子比弑其君虔楚公子棄疾弑公子比是六十年弑君但十矣其亡國止有九者成十七年楚滅舒庸襄六年莒人滅鄫齊侯滅萊十年遂滅偪陽十三年取詩二十五年楚滅舒鳩昭四年遂滅賴八年楚滅陳十三年滅蔡是九也然則春秋書遂莫可書者矣說文舉者悉言之是以多少異尔或者此注誤也○注故溴梁至之大夫○解云襄十六年春公會晉侯大公以下于溴梁戊寅大夫盟傳云諸侯皆在是其言大夫盟何信在大夫也何言乎信在大夫徧刺天下之大夫也曷爲徧刺天下之大夫君若贅旒然何氏云旒旂旒贅繫屬之辭以旂旒喻者爲下所執持東西是矣○

秋大水先是既有兵甲鞌棘之役又重以城鄆民怨之所生○重直用反

疏 注先是既至之所生○解云作丘甲在元年十二月鞌之師在二年夏叔孫僑如圍棘在三年秋城鄆在四年冬○

冬十有一月己酉天王崩定王○

十有二月己丑公會晉侯齊侯宋公衛侯鄭伯曹伯邾婁子杞伯同盟于蟲牢約備彊楚○蟲牢直弓反下力刀反

六年春王正月公至自會月者前魯大夫獲齊侯今親相見故危之

疏 注月者前至故危之○解云諸致例時即桓二年冬公至自唐僖二十六年冬公至自伐齊哀十三年秋公至自會之屬是也今此書月故解之也言前魯大夫獲齊侯者即上二年鞌戰時也言今親相見者即上三年冬公會晉侯齊侯以下于蟲

六年春王[illegible]

[illegible]

[illegible]十有二月[illegible]

[illegible]

卒是也。二月辛巳，立武宮。武宮者何？武公之宮
也。在春秋前。疏 武宮者何 解云春秋之內未有武公之文而立武宮故執不知問 立者何？
立者不宜立也。立武宮，非禮也。禮天子諸侯立五廟受命始封之君
立一廟至於子孫過高祖不得復立廟周家祖有功尊有德
立后稷文武廟至於子孫自高祖已下而七廟天子卿大夫
三廟元士二廟諸侯之卿大夫比元士二廟諸侯之士一廟
立武宮者蓋時衰多廢人事而好求福於鬼神故重而書之
譏臧孫許伐齊有功故立武 疏 立者何 解云置廟是常而
宮。復扶又反數四報反 乃書立故執不知問。立者
不宜立也 解云亦有直云不宜立無在上立者二字也。
注天子諸侯立五廟至元士二廟 解云皆出祭法其文
云天下有王分地建國 注云建國封諸侯也 置都立邑 注云
置都立邑爲卿大夫采地及賜士有功者之地 設廟祧壇墠
而祭之 注云廟之言貌也宗廟者先祖之尊貌也祧之言超
也超上去意也封土曰壇除地曰墠書曰三壇同墠 乃爲親
踈多少之數是故王立七廟一壇一墠曰考廟曰王考廟曰
皇考廟曰顯考廟曰祖考廟皆月祭之 注云王皇皆君也顯明

也祖始也名先人以君明始者所以尊本之意也有二祧享
嘗乃止 云享嘗謂四時之祭 諸侯立五廟一壇一墠曰考廟
曰王考廟曰皇考廟皆月祭之顯考廟祖考廟享嘗乃止大
夫立三廟二壇曰考廟曰王考廟曰皇考廟享嘗乃止顯考
祖考無廟有禱焉爲壇祭之 適士二廟一壇曰考廟曰王考
廟享嘗乃止顯考無廟有禱焉爲壇祭之 注云適士上士也
此適士云顯考無廟非也當爲皇考字之誤 官師一廟曰考
廟王考無廟而祭之 庶士庶人無廟 注云官師中士下士庶
士府史之屬 然則此注云禮天子諸侯立五廟者据正禮通
諸上代而言之 祭法云王立七廟者据周言之耳 祭法云大
夫立三廟適士二廟者皆据天子大夫士也 云諸侯之卿大
夫比元士。解云更無正文何氏以意當之。注諸侯之士一
廟 禮說文云 而鄭注王制云士一廟者謂諸侯之中士名曰
官師者上士二廟也與何氏異。注立武至書之。解云案明
堂位云武公之廟武世室 然則謂之世室者世世不毀 而此
傳也及注譏其立者 明堂位之作在此文之後 記人見武公
之廟已立欲成魯之善故言此非實然 故彼下即云魯之君
臣未嘗相弑也 鄭注春秋時魯國君弑 而云君臣未嘗相弑
亦近誣矣。注臧孫許伐齊有功 解
云正以伐齊之由本起臧孫故也 ○取鄟。鄟者何？

婁之邑也曷爲不繫乎邾婁諱亟也諱會背信亟也屬相與爲蟲牢之盟旋取其邑故使若非蟲牢人矣○疏鄭者鄭市轉反又音專亟去冥反注同背音佩屬音燭何○解云欲言是國曾來未有欲言是邑文無所繫故執不知問○注屬相至其邑○解云即上五年冬公會晉侯齊侯以下同盟于蟲牢是也○注故使若非蟲牢人矣○解云謂所取之邑非同盟之物然也○衛孫良夫率師侵宋。夏六月邾婁子來朝。公孫嬰齊如晉。壬申鄭伯費卒不書葬者爲中國諱蟲牢之盟約備彊楚楚伐鄭喪不能救晉又侵之故去葬使若非伐喪○費音祕爲于偽反去起呂反○疏注楚伐鄭喪不能救晉又侵之者○解云即下文秋楚公子嬰齊帥師伐鄭冬晉欒書帥師侵鄭是也○秋仲孫蔑叔孫僑如率師侵宋。楚公子嬰齊率師伐鄭。冬季孫行父如晉。晉欒書率師侵鄭

七年春王正月鼷鼠食郊牛角改卜牛鼷鼠又食其角乃免牛鼷鼠者鼠中之微者角生上指逆之象易京房傳曰祭天不慎鼷鼠食郊牛角書又食者重錄魯不覺寤重有災也不重言牛獨重言鼠者言角牛可知食牛者未必故鼠故重言鼠○鼷音兮重有直用反下同疏注角生上指逆之象○解云言角在牲體之上指于天亦是上逆之象○注書又食者至有災也○解云重讀如煩重之重也畏甚義公羊說云鼷鼠初食牛角咎在有司又有咎在人君取已有災而不云改更者義通于此若然改卜牛之徒皆言改而莊三年夏五月葬桓王傳云此未有言崩者何以書葬蓋改葬經何故不言改者蓋改卜牛之徒皆有所由故得言改其葬桓王者上未有經是以無由言之○吴伐郯吴國見者罕與中國交至升平乃見故因始見以漸進○郯音談見賢編反下同疏注吴國見者至以漸進○解云正以莊十年秋荆敗蔡師于莘傳云荆者何州名也州不若國國不若氏云云何氏不言楚言荆者楚強而近中國卒暴責之則恐爲害深故進之以漸從此七等之極始也然則吴楚相敵亦宜言揚當以揚州言之而經言吴者正以罕與中國交至今升

[illegible]

七年春王正月[illegible]

[illegible]

[illegible]

四年之出乃始見經故因其始見于升平故經直以漸進之○夏五月曹伯來朝○
不郊猶三望○秋楚公子嬰齊率師伐鄭○
公會晉侯齊侯宋公衛侯曹伯莒子邾婁子
杞伯救鄭八月戊辰同盟于馬陵公至自會
○吳入州來○冬大雩先是公會諸侯救鄭承前不恤民之所致疏注先是承
前不恤民之所致○解云即上三年大雩之下注云成公幼少六臣秉政先是作丘甲為鞌之戰伐鄭圍棘不恤民之所
生是也○衛孫林父出奔晉
八年春晉侯使韓穿來言汶陽之田歸之于
齊來言者何內辭也脅我使我歸之也以此經歸
之知見使即聞晉語自歸之但當言歸疏來言者何○解云語言見經於例未有今而書之故執不知問○注
以此經加之至當言歸○解云其自歸言歸者哀八年齊人歸邾婁子益于邾婁注云善魯能悔過歸之然則若自歸當言
歸汶陽之田于齊今乃如此作文而又言之則知被晉使之非其本情曷為使我歸之
據本魯邑疏注據本魯○解云正以莊十三年曹子劫齊侯反其所取侵地之時曹子曰然則君何求曹子曰願
請汶陽之田又上二年傳曰反魯衛之侵地之下其經云取汶陽田以此言之汶陽之田本是魯物明矣鞌之
戰齊師大敗齊侯歸弔死視疾七年不飲酒
不食肉晉侯聞之曰嘻奈何使人之君七年
不飲酒不食肉請皆反其所取侵地晉侯聞齊侯悔過自
責高其義畏其德使諸侯還魯之所喪邑魯見使卑有恥故諱不言使者因兩為其義諸侯不得相奪土地晉道可來議
語之魯宜聞義自歸之爾不得使也主書者書晉之義齊○嘻許其反喪息浪反語魚據反○晉欒書
帥師侵蔡○公孫嬰齊如莒○宋公使華元

來聘〇夏宋人公使公孫壽來納幣納幣不書此何以書據紀履緰來逆女不書納幣〇緰音須 疏 注據紀履緰至納幣〇解云隱二年九月紀履緰來逆女是也録伯姬也伯姬守節逮火而死賢故詳録其禮所以殊於衆女 疏

注伯姬守節逮火死〇解云即襄三十年夏五月甲午宋災伯姬卒秋七月叔弓如宋葬共姬傳云外夫人不書葬此何以書隱之也何隱爾宋災伯姬卒焉其稱謚何賢也何賢爾宋災伯姬存焉有司復曰火至矣請出伯姬曰不可吾聞之也婦人夜出不見傅母不下堂傅至矣母未至也逮乎火而死是也〇晉殺其大夫趙同趙括〇括古活反〇秋七月天子使召伯來錫公命其稱天子何據天王使毛伯來錫文公命不稱天子 疏 注據天王使至稱天子〇解云即文元年夏四月天王使毛伯來錫公命是也元年春王正月正也正者文不變也 疏 元年春王正月也〇解云據始言之其實二年三年以下之經皆如是其餘皆通矣

其餘謂不繫于元年者或言王或言天王或言天子皆相通矣以見刺譏是非也王者號也德合元者稱皇孔子曰皇象元逍遥術無文字德明謚德合天者稱帝河洛受瑞可放仁義合者稱王符瑞應天下歸往天子者爵稱也聖人受命皆天所生故謂之天子此錫命稱天子者爲王者長愛幼少之義欲進勉幼君當勞來與賢師良傅如父教子不當賜也月者例也爲魯喜録之〇見賢遍反應應對之應爵稱尺證反爲王于僞反下爲魯爲下同少詩召反勞來力報反下力代反 疏 注其餘謂不繫于年〇解云何氏亦順傳文是以獨云元年矣〇注或言王〇解云即莊元年冬王使榮叔來錫桓公命文公五年春王使榮叔歸含且賵三月王使召伯來會葬之屬是也〇注或言天王〇解云隱元年秋七月天王使宰咺來歸惠公仲子之賵之屬是也〇注或言天子〇解云此文是也莊元年榮叔之下何氏云不言天王者桓行實惡而乃追錫之尤悖天道故云爾文五年榮叔之下注云去天者含者臣子職以至尊行至卑事失尊之義也召伯之下何氏云去天者不及事刺比失喪禮也隱元年宰咺之下何氏云言天王者時吳楚上僭稱王王者不能正而上繫於天也春秋不正者因以廣是非然則王是舊名天王者春秋所稱耳但春秋見當時之王皆繫于天是以遂本不

追正見其是非何者若單稱王者是其舊號若繫于天者明
非古禮矣作春秋既不追正遂以天王作其常稱是以春秋
之內不言天者皆悉解之見其失所此注云皆相通矣以見
制譏是非也言皆相通矣者此三者皆是上之通稱但以天
王者得當時之言王與天子者皆有所刺故曰以見刺譏是
非也○注王者號也○解云言正是當時天子之號也○注
德合元者稱皇○解云謂元氣是總三氣之名是故其德與
之相合者謂之皇皇者美大之名也○注孔子曰皇象至明謚
解云皆春秋說文宋氏云言皇之德象合元矣逍遥消勤動
府其德術未有文字之教其德盛明者爲其謚矣○注德合
天者至可放○解云天者二儀分散以後之稱故其德與之
相合者謂之帝帝者諦也言審諦如天矣當爾之時河出圖
洛出書可以受而行之則施于天下故曰河洛出當可放耳
○注仁義合者稱王至歸往○解云二儀既分人乃生焉人
之行也正直爲本行合於仁義者謂之王王行合人道者符瑞
應之而爲天下所歸往耳是以王字通於三才得爲歸往之
義○注天子者爵稱也○解云案辨名記云天子無爵而言
天子爲爵稱者言爵者醮也所以醮盡其材天子有聖德居
無極之尊位謂之爵稱亦何傷而云天子無爵者謂無如諸
侯以下九命之爵豈謂無尊美之爵乎禮記郊特牲云古者

生無爵死無謚天子有謚有爵明矣○注此錫命稱天子至
不當賜也○解云如此注者欲文元年天王使毛伯來錫公
命言天王矣彼注云主書者惡天子也古者三載考績三考
黜陟幽明文公新即位功未足施而錫之非也然則文公初
受命而未有功而王錫之故見非也但文公年長故稱天王
今成公幼少當須如父教子未當錫也是以爲之張義而言
天子矣○注月者例也○解云正以此經書月故知例月然
外來朝聘皆例書時天王錫命而書月魯人喜得王命而詳
錄之故也然則莊元年錫桓公命文元年
錫文公命雖承上日不蒙上日亦可知矣○冬十月癸
卯杞叔姬卒棄而曰卒者爲下脅杞歸其喪張本文使若尚爲杞夫人（疏）注棄而曰卒至
杞夫人○解云外夫人之卒經例書日即襄三十年夏五月
甲午宋災伯姬卒何氏云外災例時此日者爲伯姬卒日是
也今此已棄而書卒故解之其棄者即上五年春王正月杞
叔姬來歸是也○注爲下脅杞歸其喪解云即下九年春杞
伯來逆叔姬之喪以歸
傳曰脅而歸之是也
○晉侯使士燮來聘○叔孫
僑如會晉士燮齊人邾婁人伐郯○衛人來

媵媵不書此何以書據逆女不書媵也言來媵者禮君不求媵諸侯自媵夫人○來
媵以證反又繩證反（疏）注據逆女不書媵也○解云蓋通內外言之何者隱二年紀履緰來逆女桓三年公子翬
如齊逆女之屬皆不書媵故也云媵例時者即下九年夏晉人來媵莊十九年秋公子結媵陳人之婦于鄄之屬是也然
則此經文承日月之下不蒙日月明矣錄伯姬也伯姬以賢聞諸侯諸侯爭欲媵之故善而詳錄之○媵例時
九年春王正月杞伯來逆叔姬之喪以歸杞
伯曷為來逆叔姬之喪以歸據已棄也內辭也脅
而歸之也言已歸者與忿怒執人同辭而不得專其本意知其為脅也已棄而脅歸其喪悖義恥深
惡重故使若杞伯自來逆之○悖布內反（疏）注言以歸至為脅○解云言忿怒執人同辭者即襄十六年春晉人
執莒子邾婁子以歸昭十三年秋晉人執季孫隱如以歸之
屬是也○注而不得專其本意○解云正以以者行其意之
辭故也是以桓十四年冬宋人以齊人衛人蔡人陳人伐鄭
傳云以者何行其意也何氏云以已從人曰行言四國行宋意今

叔姬之喪言以歸不得專其本意明知杞伯有忿怒是以知
其被脅耳言知其為脅者為讀如子為備君乎之為也○
公會晉侯齊侯宋公衛侯鄭伯曹伯莒子杞
伯同盟于蒲不日者已得鄭盟當以備楚而不以罪執之旋使會叛楚緣隙潰莒不能救禍由中
國無信故諱為信辭使若莒潰非盟失信所以甚中國因與下潰日相起（疏）注不日者已至信辭○解云正以春
秋之義不信者日故以不日為信辭矣言已得鄭盟者有鄭
伯也當以備楚者正以楚人數為諸夏之患故也○注而不
以罪執之○解云即下文秋晉人執鄭伯是也正以僖四年
傳曰稱侯而執者伯討也稱人而執者非伯討也今經稱人
故曰不以罪執矣○注旋使離叛者○解云即其下文云晉
欒書帥師伐鄭是也○注楚緣隙潰莒○解云即下文冬楚
公子嬰齊帥師伐莒庚申莒潰是也言楚人緣其有不和之
隙來伐莒而潰之故曰緣隙潰莒矣知不能救者上見以下
遂無救文故也○注所以甚中國○解云謂其作信辭也所
以甚惡中國之無信矣○注因與下潰日相起者○解云言
言因非正為之辭矣言此盟不日非直甚中國之無信亦因
欲起其下潰書日者乃是中國無信同盟不相救至為夷狄

所潰矣言相者兩事相共之辭則下潰書日亦起此盟之不信矣公至自會○二月
伯姬歸于宋○夏季孫行父如宋致女未有
言致女者此其言致女何録伯姬也古者婦人三月而後
廟見稱婦擇日而祭於祢成婦之義也父母使大夫操礼而
致之必三月者取一時足以別貞信貞信著然後成婦礼書
者與上納幣同義所以彰其絜且為父母安榮之言女者謙
不敢自成礼婦人未廟見而死歸葬於女氏之黨○廟見賢
徧反下同操七刀反別彼列反且為于偽反（疏）未有言致女者○解云謂春秋
無此經也○注古者婦人至之
義也○解云此皆曾子問文也其文云孔子曰取婦之家三
日不舉樂思嗣親也三月而廟見稱來婦也擇日而祭于祢
成婦之義也鄭注云謂舅姑没者也必祭成婦義者婦有共
養之礼猶舅姑存時盥饋特豚於室是也○注書者與上納
幣同義○解云即上八年夏宋公使公孫壽來納幣傳云納
幣不書此何以書録伯姬也注云伯姬守節逮火而死賢故
詳録其礼所以殊於衆女是也今此書其致女者義亦然故
云書者與上納幣同義○注所以彰其絜至敢自成○解云

重得父母之命乃行婦道故曰所以彰其絜也宜其女當夫非
礼不動光照九族父母得安故曰榮之○注礼婦人未至氏
之黨○解云曾子問文也其文云曾子曰女未廟見而死則
如之何孔子曰不遷於祖不祔於皇姑壻不杖不菲不次歸
葬于女氏之黨示未成婦也鄭氏云遷朝廟也壻雖不備喪礼猶為之服齊衰是也○晉人來媵
媵不書此何以書録伯姬也義與上同復發傳者樂道人之善○復扶
又反（疏）注義與同上也○解云謂亦與上致女皆同書納幣矣○秋七月丙子齊
侯無野卒○晉人執鄭伯○晉欒書帥師伐
鄭○冬十有一月葬齊頃公○楚公子嬰齊帥
師伐莒庚申莒潰日者録責中國無信同盟不能相救至為夷狄所潰○潰戶內反○
（疏）注日者録責至狄所潰○解云正以凡潰例月即僖四年春王正月蔡潰文三年春王正月沈潰之屬是也今
而書日故如此解○楚人入運○秦人白狄伐晉○鄭

[illegible]會○二月

伯姬歸于宋○夏季孫行父如宋致女

[illegible]

侯無野卒○晉人執鄭伯○晉欒書帥師伐鄭○冬十有一月葬齊頃公○楚公子嬰齊帥師伐莒○庚申莒潰

[illegible]

楚人入鄆○秦人白狄伐晉○鄭

[illegible]

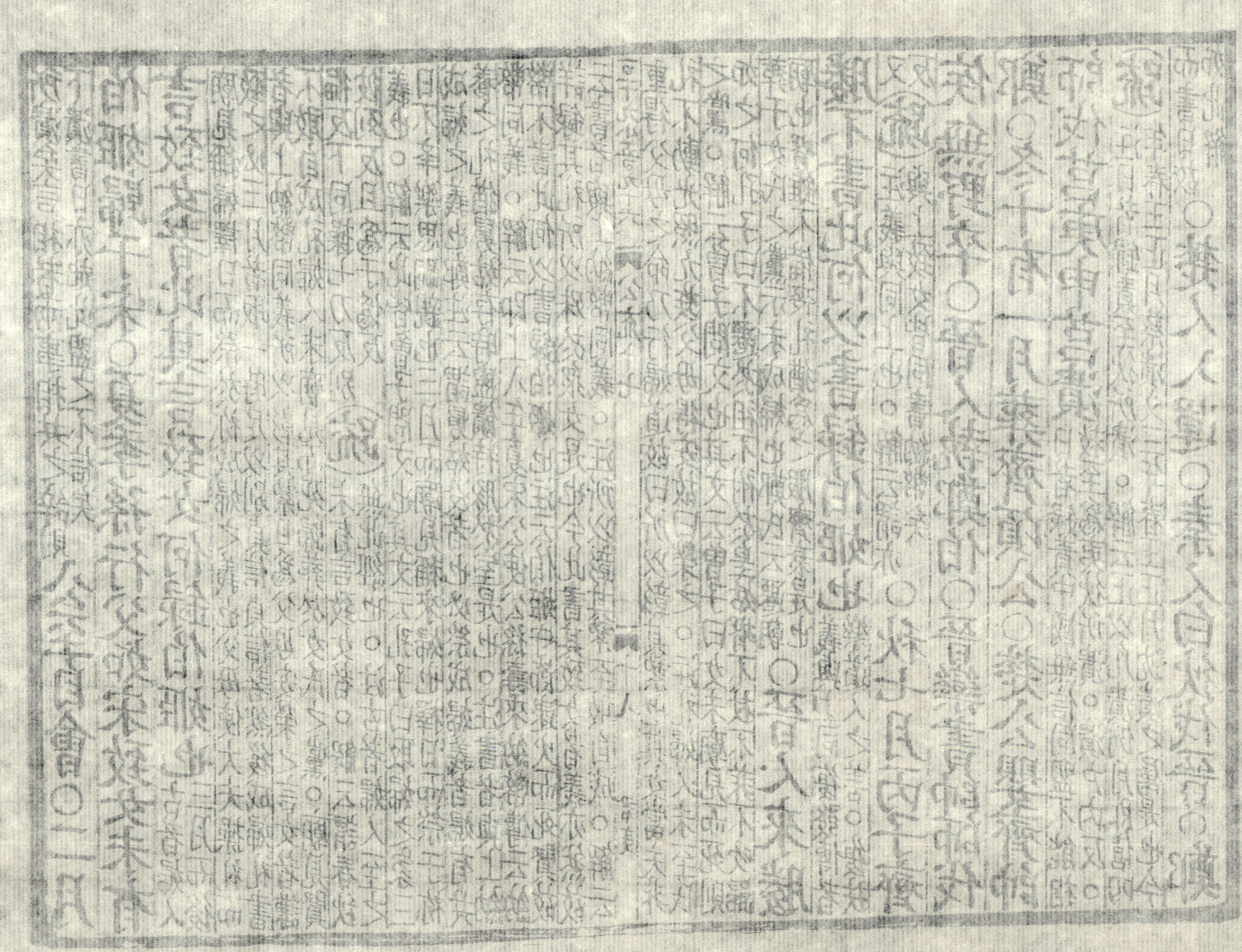

人圍許。城中城

十年春衛侯之弟黑背率師侵鄭。夏四月五卜郊不從乃不郊其言乃不郊何据上不郊不言乃僖公不從言免牲也（疏）注据上不郊不言乃。解云即上七年夏不郊猶三望是也。注僖公不從言免牲。解云僖三十一年夏四卜郊不從乃免牲猶三望是也不免牲故言乃不郊也不免牲當坐盜天牲失事天之道故諱使若重難不得郊。難乃旦反（疏）注使若重難不得郊。解云宣八年傳云而者何難也乃者何難也曷爲或言而或言乃乃難乎而也何氏云言乃者內而深言而者外而淺下昃日昳乃故言乃然則乃者難之深今經云乃不郊故云使若重難不得郊也重難之義皆出於乃字。五月公會晉侯齊侯宋公衛侯曹伯伐鄭不致者成公數卜郊不從怨懟故不免牲不但不免牲而已故奪臣子辭以起之。數所角反懟直類反（疏）注不致者至牲而已。解云莊六年傳云得意

致會不得意致伐注云此謂公與二國以上也然則此經公會晉侯宋公以下伐鄭亦是二國以上若得意宜致會不得意宜致伐今全不致故如此解也言成公數卜郊不從者即此上文五卜郊不從是也五卜郊卜之多者故言數云不但不免牲而已者謂成公意卒竟而不復郊知如此者止以不免牲上文已有說今此仍不致故知更有罪也。注故奪臣子辭以起之。解云謂不致也奪其臣子之辭以起見其罪侯所以不致得謂之奪臣子辭者桓二年注云凡致者臣子喜其君父脫危而至今不書至以若不得脫危然故曰奪臣子辭也桓元年注云不致之者至不而凡奪臣子辭成誅文也者義亦通于此。齊人來媵媵不書此何以書爲錄伯姬也三國來媵非禮也曷爲皆以錄伯姬之辭言之婦人以衆多爲侈也侈大也朝廷侈於妬上婦人侈於妬下伯姬以至賢爲三國所爭媵故侈大其能容之唯天子娶十二女。侈昌氏反大也妬丁故反取七住反本或作娶（疏）注朝廷侈於妬上。解云言妬其有賢不而居於己上位者是朝廷侈之妬也。注婦人侈於妬下。解云言

不能容衆妾而妬忌之者是婦人妬也。故後大其能容之解云考諸舊本大上無後字。注唯天子娶十二女。解云保乾圖文孔子爲後王非古制也○丙午晉侯獳卒不書葬者殺大夫趙同等。獳乃侯反疏注不書葬至同等。解云春秋之義君殺无罪大以例不書其葬見其公絕之是以僖九年晉侯詭諸卒何氏云不書葬者没世子也是也其殺趙同等即上八年晉殺其大夫趙同趙括是也○秋七月○公如晉如晉者冬也去冬者惡成公前既怨懟不免牲今復如晉過郊乃反遂怨懟無事天之意當絕之。○去起呂反惡烏路反復扶又反疏注過郊乃反至天之意。解云謂明年三月公至自晉是過郊乃反是其無事天之意。○注當絕之者解云當合絕之不可爲魯侯矣

監本附音春秋公羊註疏成公卷第十七

何休學

十有一年春王三月公至自晉○晉侯使郤州來聘己丑及郤州盟 ○郤州本亦作犨尺由反 疏 晉侯至州盟○解云上三年冬晉侯使荀庚來聘丙午及荀庚盟傳云此聘也其言盟何聘而言盟者尋舊盟也注云以不舉重連聘而言之知尋繹舊故約誓也書者惡之二國既脩禮相聘不能相親信反復相疑故舉聘以非之今此亦然而無傳注若從彼可知故省文案桓十四年夏鄭伯使其弟語來盟注云時若從內為王義明王者當以至信先天下是以春秋之例莅盟來盟惡書時即僖三年冬公子友如齊莅盟之屬是也今此經及上三年荀庚盟之屬皆書月者蓋以既脩禮相聘不能相親信反相疑是故不與信辭耳○夏季孫行父如晉○秋叔孫僑如如齊○冬十月

十有二年春周公出奔晉 周公者何天子之三公也王者無外此其言出何自其私土而出也 私土者謂其國也此起諸侯入為天子三公也周公驕蹇不事天子出居私土不聽京師之政天子召之而出走明當并絕其國故以出國錄也不月者小國也 疏 周公者何○解云既是周臣自周無出而經書出故執不知問○注私土不聽至小國○解云春秋之例大國君奔例皆書月即桓十六年十有一月衛侯朔出奔齊之屬是也小國例時若即昭三年冬北燕伯款出奔齊及此經書春皆是也又王制云天子三公之田視公侯既視公侯何言小國者據其私土之言也周公本是小國諸侯而入為天子三公於王畿之內雖有采地但從私土而去故從小國例○夏公會晉侯衛侯于沙澤 ○沙澤素禾反又如字二傳作瑣澤定七年同○秋晉人敗狄于交剛○冬十月

十有三年春晉侯使郤錡來乞師 ○郤錡魚綺反○三

月公如京師月者善公尊天子（疏）注月者善公尊天子者。解云正以朝聘時故也。

夏五月公自京師遂會晉侯齊侯宋公衛侯鄭伯曹伯邾婁人滕人伐秦其言自京師何據僖公二十八年諸侯遂圍許不言自王所（疏）五月至自京師。解云公下自上有至字者衍文。注據僖公至自王所。解云僖二十八年冬公會晉侯以下于溫天王狩于河陽壬申公朝于王所諸侯遂圍許是也然則彼亦朝天子而在圍許言自王所與此異故難之公鑿行也以起公鑿行也鑿猶更造之意。鑿在洛反公鑿行奈何不敢過天子也時本欲直伐秦塗過京師不敢過天子而不朝復生事脩朝禮而後行故起時善而襃成其意使若故朝然後生事也間無事復出公者善公鑿行。復扶又反（疏）注生事脩朝禮而行者。解云生事之上亦有復字者衍文。注間無復出至鑿行。解云昭十三年秋公會劉子晉侯以下于平丘八月甲戌同盟于平丘注云不言劉子及諸侯者間無異事可知矣然則彼以間無事不勞重舉劉子及諸侯此亦間無事但言夏五月遂會晉侯以下伐秦足矣而重舉公者善公鑿行故也定四年召陵之會再言公者彼注自具。曹伯盧卒于師。盧力吳反本亦作盧。秋七月公至自伐秦月者危公幼而遠用兵（疏）注月者危公幼而遠用兵者解云正以凡致例時故如此解。冬葬曹宣公

十有四年春王正月莒子朱卒莒大于邾婁至此乃卒者庶其見殺不得卒至此始卒又不得日（疏）注莒大于至不得卒。解云正以莊十六年冬十有二月邾婁子克卒二十八年夏四月丁未邾婁子瑣卒春秋之序莒常在上而至此乃卒者正由文十八年莒弒其君庶其是以不得書其卒矣。注至此始卒又不得日。解云邾婁子瑣之卒所以書日者非直行進其邾子克往前已卒是以春秋得詳錄之今此始卒故不得書日曹書日者何氏云老使世子來朝春秋敬老重恩故為魯恩錄之尤深是也然則此注何以不言故不得日而言又者欲道曹伯終生雖亦始卒但於魯有恩是以書日今此莒子非直始卒又無善行是以不日。夏

三月，公如京師。[illegible]

夏五月，公自京師，遂會晉侯、齊侯、宋公、衛侯、鄭伯、曹伯、邾人、滕人伐秦。[illegible]

其言自京師何？[illegible]

公鑿行也。公鑿行奈何？不敢過天子也。[illegible]

曹伯廬卒于師。[illegible]

秋七月，公至自伐秦。[illegible]

冬，葬曹宣公。[illegible]

十有四年春王正月，莒子朱卒。[illegible]

衛孫林父自晉歸于衛○秋叔孫僑如如齊
逆女 凡娶早晚皆不譏者從紀履緰一譏而已○凡取本又作娶 【疏】注叔孫僑如如齊逆女○解
云隱二年注云不親迎例月重錄之今此不月者蓋以成公即位十有四年始娶元妃非重繼嗣之義故畧之○注凡娶
早至譏而已○解云隱二年九月紀履緰來逆女傳云外逆女不書此何以書譏何譏爾譏始不親迎也始不親迎昉於
此乎前此矣前此則曷為始乎此託始焉爾曷為託始焉爾春秋之始也然則宣公元年春公子遂如齊逆女喪服未除
是其大早也成公十四年秋始使僑如如齊逆女非重繼嗣之義是其大晚也故言凡娶早晚矣但略舉一二人則桓公
三年娶于齊文公四年娶于齊合在其間也然則諸侯之法合親迎而魯侯悉使大夫所以不復發傳云何以書譏何譏
爾譏不親迎者正欲從隱二年紀履緰之一譏而已是以不復發傳以解之舊解云隱二年履緰之下注云內逆女常書
外逆女但疾始不常書者明當先自詳正躬自厚而薄責於人故略外也然則外之娶妻莫問早晚其不親迎者皆不復
書而譏之者悉從履緰之經一譏而已所以此處注之者正以內逆女常書之末是以於此處決之更有或解不足述也

○鄭公子喜率師伐許○九月僑如以夫人
婦姜氏至自齊○冬十月庚寅衛侯臧卒○
秦伯卒
十有五年春王二月葬衛定公○三月乙巳
仲嬰齊卒 仲嬰齊者何 疑仲遂後故問之 【疏】注疑仲後故問之
解云何氏欲解弟子問所不知之意何者欲言仲遂之子宜稱公孫今經稱仲故執不知問 公孫嬰齊
也 未見於經為公孫嬰齊今為大夫死見於經為仲嬰齊○未見賢編反下同年未及在皆同 【疏】注未
見於經至仲嬰齊○解云公未見於經者謂未作大夫不得見于經當爾之時猶為公子之子故為公孫嬰齊矣今為大夫
而死得見于經更為公子之孫孫以王父字為氏故為仲嬰齊矣其更為公子之孫之事其說在下 公孫嬰
齊則曷為謂之仲嬰齊為兄後也為兄後則

曷爲謂之仲嬰齊据本公孫【疏】注据本公孫嬰○解云言其本公孫嬰須正雖

代兄爲大夫寧得更爲公孫之子乎故難之爲人後者爲之子也更爲公孫之子

故不得復氏公孫○復氏扶又反年內同爲人後者爲其子則其稱仲

何据氏非一孫以王父字爲氏也謂諸侯子也顧興滅繼絕故紀族明所出

然則嬰齊孰後後歸父也歸父使于晉而未

反宣公十八年自晉至檉奔齊許今未還○使于所吏反及下使乎同何以後之据已絕也

叔仲惠伯傅子赤者也叔仲者叔彭生氏也文家字積於叔叔仲有長幼故

連氏之經云仲者明春秋質家當積於仲惠謚也○長丁丈反【疏】注叔仲者叔彭生氏也○解云即文十一年叔彭生之氏族也○注文家字積於叔至謚也○解云知如此者正以大夫之子皆稱叔唯有聯季而已是文家字積於叔之義也注言此者欲道彭生之經所以不連仲之意也云叔仲有長幼故連氏之者注言此者欲道彭生之傳所以連叔仲

之意也何者彭生之祖生於叔氏其父武仲又長幼當仲是以彭生遠而言之雖非正禮要是當時之事是以傳家述其私稱連言仲矣○注經云仲至積於仲○解云注言此者欲道嬰齊此經何故不連其父歸父之字而單言仲者欲明春秋當質正得積於仲是以不得更以佗字連之文公死子幼子赤幼也公子遂謂

叔仲惠伯曰君幼如之何願與子慮之叔仲

惠伯曰吾子相之老夫抱之禮大夫七十而致事若不得謝則必賜之几杖行役以婦人從適四方乘安車自稱曰老夫○相之息亮反下同【疏】注禮大夫七十至稱曰老夫○解云皆上曲禮文鄭氏云致其所掌之事於君而告老謝猶聽也君必有命勞君辭謝之其有德尚壯則不聽耳几杖婦人安車所以養其身體也安車坐乘若今小車也老夫老人稱也亦明君尊賢春秋傳曰老夫耄矣是也何幼君之

有公子遂知其不可與謀退而殺叔仲惠伯

弑子赤而立宣公殺叔仲惠伯不書者舉弑君爲重叔仲惠伯事與荀息相類不得爲累者

有異也叔仲惠伯直先見殺荀息死之
不如荀息死之○殺子音弒【疏】注叔仲惠伯至息死之○解云僖十年春晉里克
弒其君卓子及其大夫荀息傳云及者何累也弒君多矣舍
此無累者乎曰有孔父仇牧皆累也舍孔父仇牧無累者乎
曰有有則此何以書賢也何賢乎荀息傳云驪姬者國色也
獻公愛之甚欲立其子於是殺世子申生申生者里克傅之
獻公病將死謂荀息曰士何如則可謂之信矣荀息對曰使
死者反生生者不愧乎其言則可謂信矣獻公死奚齊立里
克謂荀息曰君殺正而立不正廢長而立幼如之何願與子
慮之荀息曰君嘗訊臣矣臣對曰使死者反生生者不愧乎
其言則可謂信矣里克知其不可與謀退弒奚齊荀息立卓
子里克弒卓子荀息死之若然桓二年宋督弒其君與夷及
其大夫孔父案彼傳文則孔父亦先見殺與此正同而得爲
累者正以孔父生存殤公不可得而弒故於是先攻孔父之
家殤公知孔父死已必死趨而救之皆死焉孔父正色而立
于朝則人莫敢過而致難於其君者孔父可謂義形于色矣
然孔父雖先見殺而事君之正義形于顏色豈如惠伯但爲
傅子赤而客之公子遂但欲弒子赤而殺之不畏惠伯衛若
寧得類於孔父乎若然內之弒例皆諱不書假令成累安可
作文而注言此者雖不言弒宜言冬十月子赤及叔彭生卒

案今文公十八年經直言冬十月子卒故言不得爲累矣

宣公死成公幼臧宣叔者相也臧孫許宣謚君死不哭聚諸大夫而問焉曰昔者叔仲惠伯之事孰爲之諸大夫皆雜然曰仲氏也其然乎於是遣歸父之家時見君幼欲以防示諸大夫○雜七合反又如字【疏】注時見君幼至諸大夫○解云於時見君幼少恐有禍變欲以示防禦之義示其諸大夫

然後哭君歸父使乎晉還自晉至檉聞君薨家遣墠帷哭君成踊反命于介自是走之齊魯人徐傷歸父之無後也徐者皆共之辭也關東語傷其先人爲惡身見逐絕不祭祀也於是使嬰齊後之也弟無後兄之義爲亂昭穆之序失父子之親故不言仲孫明不與子爲父孫【疏】注弟無後兄至爲父孫○解云案異

穀公羊說云質家立世子弟文家立世子子孫春秋從質故
得立其弟以此言之則嬰齊爲兄後正合諸春秋之義何得謂
之亂昭穆之序者正以質家立世子弟者謂立之爲君而已
豈謂作世子之子乎今嬰齊後之者若爲歸父之子然故爲
亂昭穆之序言失父子之親也者若後歸父
即不爲仲遂之子故云失父子之親矣 ○癸丑公會
晉侯衞侯鄭伯曹伯宋世子成齊國佐邾
婁人同盟于戚 ○世子成音戚本或作成 晉侯執曹伯歸之
于京師 爲篡喜時 ○爲于僞反 疏 注爲篡喜時者即昭二十年傳云何賢乎公子喜時讓國也其
讓國奈何曹伯廬卒于師注云在成十三年傳又云公子喜時見公子負芻之當主也逡巡而退是也 ○公至
自會○夏六月宋公固卒 不日者多取三國媵非禮故略之 疏
注不日者多至略之○解云即上九年伯姬歸于宋之時魯
人來媵晉人來媵齊人來媵傳云三國來媵非禮也是宋娶
用天子禮而非之者其婚娶當從諸侯故
也雖於伯姬爲榮而宋公有失故略之 ○楚子伐鄭

○秋八月庚辰葬宋共公 ○共音恭 ○宋華元出奔
晉○宋華元自晉歸于宋 不省文復出宋華元者宋公卒子幼華元以憂國爲
大夫山所譖出奔晉晉人理其罪宋人反華
元誅山故繁文大之也言歸者明出入無惡 疏 注不省文至文大之
言○解云襄三十年秋鄭良霄出奔許自許入于鄭鄭殺良霄則當
文不言鄭良霄自許入于鄭今則不省文故決之必知不省
文是大之者正以孔子曰書之重辭之復鳴呼其中必有美
者焉不可不察故知也言華元以憂國爲大夫山所譖出奔
晉者皆春秋許文也○注言歸者明出入無惡○解云即上
桓十五年傳例云復歸者出惡歸無惡復入者出無惡入有
惡入者出入惡歸者出入無惡是也 ○宋殺其大夫山 不氏者見殺在華元歸後嫌直自見
殺者故貶之明以譖華元故 疏 注不氏者至華元故○解云襄二十三
年夏陳殺其大夫慶虎及慶寅陳侯之
弟光自楚歸于陳注云至前爲二慶所譖出奔楚楚人治其罪
陳人誅二慶反光故言歸宋大夫山譖華元彼此不貶者殺
二慶而光歸諸光可知然則今此華元歸後山見殺故須
貶山以見其惡義矣山者魚石之親若其不貶直言宋殺山也○

[illegible]

宋魚石出奔楚（與山有親恐見及也後得言復入者出無惡知非君漏言魚石不殺山）疏注與山有親恐見及也。解云知如此者襄二十年秋蔡殺其大夫公子燮蔡公子履出奔楚同稱公子親眷明矣今此宋殺其大夫山宋魚石出奔楚文與彼同故知山之親也但山以蕩華元而見殺是以不得言魚矣。注後得言復至不殺山。解云復入者即下十八年夏宋魚石復入于彭城是也言復入者出無惡者莊十五年傳文案文六年冬晉殺其大夫陽處父晉狐射姑出奔狄傳云晉殺其大夫陽處父則狐射姑曷為出奔射姑殺也射姑殺則其稱國以殺何君漏言也彼注云自上言泄下曰漏其漏言奈何君將使射姑將陽處父諫曰射姑民衆不說不可使將於是廢將陽處父出射姑入君謂射姑曰陽處父言曰射姑民衆不說不可使將射姑怒出刺陽處父於朝而走注云明君漏言殺之當坐殺也以此言之若由君漏言魚石殺山而走出是出有惡不得言復入今魚言之奔下言復入知非君漏言魚石不殺山也。

冬十有一月叔孫僑如會晉士燮齊高無咎宋華元衛孫林父鄭公子鰌邾婁人會吳于鍾離曷為殊會吳（據楚不殊○燮息協反咎其九反鰌音秋）疏注據楚不殊解（云）即僖二十一年秋宋公楚子陳侯蔡侯鄭伯許男曹伯會于霍是也外吳也曷為外也（據襄五年不外之）疏注據襄五年不外之。解云其經云秋公會晉侯宋公以下齊世子光吳人鄫人于戚是也春秋內其國而外諸夏內諸夏而外夷狄（內其國者假魯以為京師也諸夏外土諸侯也謂之夏者大總下土言之辭也不殊楚者楚始見所傳聞世尚外諸夏未得殊也至於所聞世可得殊又卓然有君子之行吳似夷狄差醇而適見於可殊之時故獨殊吳。傳直專反行下孟反差初賣反醇音純）疏春秋內其國而外諸。解云即經云叔孫僑如會晉士燮齊高無咎以下是也下云內諸夏而外夷狄者即經序諸大夫訖乃言會吳于鍾離是也。注不殊楚者楚始至得殊也。解云即僖二十一年秋宋公楚子陳侯蔡侯鄭伯許男曹伯會于霍之屬是也。注至於至之行。解云即宣十一年夏楚子陳侯鄭伯盟于辰陵是不殊楚之經也言卓然有君子之行者即彼注云不日月者莊王行霸約諸侯明王法討徵舒善其憂中國故為信辭也然則討

徵舒明王法勝鄭而不取令之還師迭晉冠之屬皆是卓然有君子之行矣

王者欲一乎天下曷爲以外內之辭言之 据大一統 疏 注据大一統 解云即元年傳云何言乎王正月大一統也注云統者始也摠繫之辭夫王者始受命改制布政施教於天下自公侯至於庶人自山川至於草木昆蟲莫不一繫於正月故云政教之始然則王者施政欲其遠近徧及海內如此而殊外內故難之

言自近者始也 明當先正京師乃正諸夏諸夏正乃正夷狄以漸治之葉公問政於孔子孔子曰近者說遠者來季康子問政於孔子孔子曰政者正也子帥以正孰敢不正是也月者危録之諸侯既委任大夫復命交接夷狄○葉公舒涉反下文同說音悅 疏 注子帥以正孰敢不正是也○解云帥長也言子爲諸侯之長而爲正誰敢不爲正乎亦是先正於近乃始及遠之義故引之○

許遷于葉

十有六年春王正月雨木冰雨木冰者何雨而木冰也何以書記異也 木者少陽幼君大臣之象冰者凝陰兵之類也

冰脅木者君臣將執於兵之徵也 疏 雨木冰者何○解云雨與木冰理不相類如此作經故執不知問○注木者至之象○解云木始於東方故曰少陽陽比君故有幼君之義震爲六子之宗乃是乾之長子故爲大臣之象也○

夏四月辛未滕子卒 滕始卒於宣公日於成公不名邾婁始卒於文公日於襄公名俱葬於昭公是以知滕小 疏 注滕始至滕小○解云滕始卒於宣公者即宣九年秋八月滕子卒是也其日于成公者即此注云辛未滕子卒是也二者皆不及名故曰不名其邾婁始卒于文公者即文十三年夏五月邾婁子蘧篨卒是也其日于襄公者即襄十七年春王二月庚午邾婁子瞯卒是也書蘧篨與瞯故曰名也云俱葬于昭公者即昭元年六月丁未邾婁子華卒秋葬邾婁悼公昭三年春王正月丁未滕子泉卒五月葬滕成公是也然則春秋於所聞之世始録微國之卒書日書名明其大小滕子卒葬皆在邾婁之後邾婁之君名於所聞之世于滕則未是以知其小于邾婁也何氏所以不于會戹比之而據其卒葬者會是主會次之未得其義其大小仍自難明故如此解若然案莊十六年十二月邾婁子克卒二十八年夏四月丁未邾婁子瑣卒然則邾婁始卒書日書名並在莊公之世而邾婁卒于文公日于襄公名者彼是

王者欲一乎天下曷爲以外內之辭言之言自近者始也

許遷于葉

十有六年春王正月雨木冰雨木冰者何雨而木冰也何以書記異也

夏四月辛未滕子卒

傳聞之世小國之卒例不合書而莊公之時邾婁之君得書
卒者何氏於克卒之下注云小國未嘗卒而卒者爲慕霸者
有尊天子之心行進也瑣卒之下注云日者附從霸者朝天
子行進。以此言之直是行而得書卒書日非其常例故不取
之。○鄭公子喜帥師侵宋○六月丙寅朔日
有食之是後楚滅舒鄘晉厲公見弑殺九重故十七年復食○復扶又反 疏 注是後楚滅舒庸者
解云在下十七年冬十二月○注晉厲公見弑殺○解云即
下十八年春王正月庚申晉弑其君州蒲是也春秋說以爲
厲公猥殺四大夫臣下人人恐見及正月幽之二月而死故
此注云見弑殺也○注故十七年復食○解云即十七年十有
二月丁巳朔日有食之是也 ○晉侯使欒黶來乞師○欒力官反黶於斬反○
甲午晦晦者何冥也何以書記異也此王公失道臣代其
治故陰代陽○冥亡定反又亡丁反治直吏反 疏 晦者何○解云欲言月晦所不書欲言日冥文不言書故執
不知問○晉侯及楚子鄭伯戰于鄢陵楚子鄭

師敗績敗者稱師楚何以不稱師據宋公戰于泓敗績稱師
○鄢於晚反又於建反泓烏宏反 疏 注據宋公戰至稱師○解云即僖二十二年冬十有一月己巳朔宋公及
楚人戰于泓宋師敗績是也 王痍也王痍者何傷乎矢也時爲飛矢
所中○痍音夷傷也所中丁仲反 疏 王痍者何○解云王有王軍之衞而身見傷似非其類故執不知問 然
則何以不言師敗績據王痍 末言爾末無也無所取於言師敗
績也凡舉師敗績爲重衆今親傷人君當舉傷君爲重以言戰以言敗績知非詐戰當蒙上日也○爲于僞反下爲代公同
疏 注以言戰至上日也○解云正以春秋之義偏戰者日詐者月今泓鄢陵之經言戰言敗績知非詐故當蒙上
日甲午矣○楚殺其大夫公子側○秋公會晉侯齊
侯衛侯宋華元邾婁人于沙隨不見公公
至自會不見公者何公不見見也不見見者恥乞師不得欲

執之○恚一睡反疏不見公者何○解云公會晉侯是與會之文言不見公疑其非類故執不知問○注不見見者恚乞師不得欲執之即下傳云其代公執奈何前此者晉人來乞師而不與公會晉侯將執公是也公不見見大夫執何以致會據不得意邑之會公失序不致疏注據不得意者解云正以莊六年傳云得意致會不得意致伐何氏云此謂公與二國以上也公與二國以上出會盟得意致會不得意不致今會不得意而致會故據而難之○注邑之會公失序不致○解云即文七年秋公會諸侯晉大夫盟于扈傳云諸侯何以不序大夫何以不名公失序也公失序奈何諸侯不可使與公盟眣晉大夫與公盟也是也然則彼是公不得意不書致今此亦不得意而反致故難之不恥也曷爲不恥據邑之會公失序恥幼也因公幼殺恥爲諱辭不書行父執者公不見見已重矣疏注因公幼殺恥爲諱辭○解云實不見今而致會詐若得意然故言爲諱辭耳○注不書行父執者○解云是時累代公執而下經但書其一故此注不書行父執者公不見見已重矣○公會尹子晉齊國佐邾婁人伐

鄭○曹伯歸自京師執而歸者名曹伯何以不名而不言復歸于曹何據曹伯襄復歸于曹疏注據曹伯襄復歸于曹○解云在僖二十八年冬易也易故未言之不復舉國名○易以豉反注及下同復扶又反下同而復甚易奈何公子喜時在內也公子喜時在內則何以易據本篡喜時也○喜時左傳作欣時公子喜時者仁人也內平其國而待之和平其臣民令專心于負芻○令力呈反外治諸京師而免之訟治于京師解免使來歸其言自京師何據僖二十八年晉人執衛侯歸之于京師後復歸于衛俱天子所歸不言自京師不連歸問者嫌自京師天子有力文言甚易欲并問於文與上說喜時錯疏注據僖二十八年至言自京師○解云即僖二十八年冬晉人執衛侯歸之于京師三十年秋衛侯鄭歸于衛是也○注不連歸問至喜時錯○解云問者之意欲道僖三十年衛侯鄭歸于衛亦是天子所

歸不言自京師今曹伯亦爲天子所歸獨言自京師文相背故問之若連歸問云其言歸自京師何即嫌歸自京師者乃是天子有力之文似若僖二十八年冬衞元咺自晉復歸于衞傳云自者何有力焉者也然上説言其所以易正猶公子喜時之力若此亦并問天子有力之文即與上説喜時之力自相違**言甚易也舍是無難矣**言歸自京師者與内諸臣子致公同文欲言甚易也舍此所從還無危難矣主所以見曹伯歸本緣喜時平國反之書非録京師有力也執歸書者賢喜時爲兄所篡終無怨心而復深推精誠憂免其難非至仁莫能行之故書起其功也○舍是音捨注同下傳舍臣放此無難乃旦反注同

疏 注言歸自京師者至致公同文○解云與上十三年公至自京師相似○注執歸書者至起其功也○解正以僖十九年宋人執滕子嬰齊二十一年執宋公之屬皆不書其歸也若然僖二十八年春晉侯執曹伯以畀宋人冬晉人執衞侯歸之于京師曹伯襄復歸于曹三十年秋衞侯鄭復歸于衞皆是被執而書之者曹伯之下注云執歸不書書者名惡當見衞侯之下注云執歸不書主書者名惡當見是也前此者晉人來乞師而不與者即上十六年夏六月晉侯使欒黶來乞師晉侯及楚子鄭伯戰于鄢陵楚子鄭師敗績於戰之經不見魯師則知不與矣

○九月晉人執季孫行父舍之于招丘執未可言舍之者此其言舍之何仁之也曰在招丘悕矣悕悲也仁之者若曰在招丘可悲矣閔録之辭○招丘章遥反又上饒反二傳作苕丘悕音希悲也**執未有言仁之者此其言仁之何代公執也其代公執奈何前此者晉人來乞師而不與**不書者不與無惡

疏 注不書者不與無惡○解云若其書之宜言晉侯使欒黶來乞師公不許之今無此經故言不與不書也言不與無惡者僖二十六年公子遂如楚乞師之下傳云乞者何卑辭也曷爲以外内同若辭重師也曷爲重師師出不正反戰不正勝也何氏云兵凶器戰危事不得已而用之爾乃以假人故重而不暇别外内也者見其不與無惡之義

公會晉侯會沙隨也**將執公季孫行父曰此臣之罪也於是執季孫行父成**

[illegible]

子曰辭[illegible]

[illegible]

公將會厲公謂上伐鄭言謚者別嬰齊所請也明言公會晉侯者嬰齊所請事也故下與嬰齊傳合同○別彼列反【疏】於是執季孫行父○解云出以上道今年秋會于沙隨之時事○注謂上伐鄭至傳合同○解云下十七年公孫嬰齊卒于貍軫之下傳云前此者嬰齊走之晉公會晉侯將執公嬰齊為公請公許之反為大夫歸至于貍軫而卒然則上言公會晉侯將執公者乃是上經沙隨之事故下與嬰齊傳文合言成公將會晉厲公言謚者欲別於嬰齊所請之事明其是上伐鄭時也案出傳沙隨之事時行父亦請而特言嬰齊所請事者欲言行父再請而嬰齊三請俱在沙隨故也

會不當期將執公季孫行父曰臣有罪執其君子有罪執其父此聽失之大者也今此臣之罪也舍臣之身而執臣之君吾恐聽失之為宗廟羞也於是執季孫行父善其過則稱已美則稱君累代公執在危殆之地故地言舍而月之者痛傷忠臣不得其所為代公執不稱行人者在君側非出使

○出使所吏反【疏】此聽失之大者也○解云言聽獄者失之大者矣○注故地言舍至得其所○解云言故地言舍而月之者即經書九月晉人執季孫行父舍之于招丘是也言月則為傷痛之文者正以凡執例時故也即僖四年夏齊人執陳袁濤塗五年冬晉人執虞公之屬是也○注為代公至非出使○解云正以文十四年冬齊人執單伯之下傳云執者曷為或稱行人或不稱行人注云此問諸侯相執大夫所稱例傳云稱行人而執者以其事執也注云以其銜命奉國事執之晉人執我行人叔孫舍是也傳又云不稱行人而執者以己執也注云己者己大夫自以大夫之罪執之分別之者罪惡當各歸其本以此言之則知自為己執者乃不稱行人今出行父為代公執而亦不稱行人者正以其在君側非出使故也

○冬十月乙亥叔孫僑如出奔齊○十有二月乙丑季孫行父及晉郤州盟于扈行父執釋不致者舉公至為重【疏】注行父執釋不致者舉公至為重○解云正以昭十三年秋晉人執季孫隱如以歸十四年春隱如至自晉二十三年春晉人執我行人叔孫舍二十四年春叔孫舍至自晉皆書其至今此不書至故言舉公至為重○

[illegible]

二月乙[illegible]秦[illegible]以[illegible]日[illegible]

[illegible]

○公至自會○乙酉刺公子偃（疏）乙酉刺公子偃○解云即
僖二十八年注云内殺大夫例有罪不日无罪日者正謂此文是也考諸舊本此經之下悉皆无注若有注者衍字耳
十有七年春衛北宮結率師侵鄭○夏公會尹
子單子晉侯齊侯宋公衛侯曹伯邾婁人伐
鄭○六月乙酉同盟于柯陵○柯古何反○秋公至自
會○齊高無咎出奔莒○九月辛丑用郊用者
何用者不宜用也九月非所用郊也周之九月夏之七月
天氣上升地氣下降又非郊時故加用之（疏）用者何○解云正以上下之郊例不言用此獨違例故執不知問
然則郊曷用郊用正月上辛魯郊博卜春三月言正月者因見百王正
所當用也三王之郊一用夏正言正月者春秋之制也正月者歲首上辛尤始新皆取其首先之意日者明用辛例不郊

則不日○因見賢遍反下同（疏）注魯郊博至所當用○解云僖三十一年傳云魯郊非礼也彼注云以魯郊非
礼故卜尔昔武王既没成王幼少周公居攝行天子事制礼
作樂致太平有王功周公薨成王以王礼葬之命魯使郊以
彰周公之德非正故卜三卜吉則用之不吉則免牲者是其魯郊
博卜春三月之義也而此傳止言正月者因見其自今後百
代之王正所當用之月也○注三王之郊至制也○解云三
王之郊一用夏正者易說文也既用夏正而此傳特言用正
月卜辛者但春秋之制也春秋因魯以制法令自今以後之
郊皆用周之正月故也○注不郊則不日○解云僖三十
一年夏四月四卜郊不從乃免牲猶三望成七年春王正月
鼷鼠食郊牛角改卜牛夏五月不郊猶三望之屬是不郊則
不日之文也或曰用然後郊或曰用者先有事存后稷神名也晉人將有事於河必先有事
於惡池齊人將有事於泰山必先有事於配林魯人將有事
於天必先有事於泮宮九月郊尤悖礼故言用小大之譏之
以不郊乃譏三望知郊不得譏小也又夕牲告牲后稷當在
日上不當在日下○惡如字又火呉反○池大河反○配
芳尾反又音配泮音判本又作郊注音全（疏）注晉人將有事至於泮宮○解云即礼器云魯人將有事於上帝必

[illegible]

肆[illegible]用正月上辛[illegible]

[illegible]

何用[illegible]宜周[illegible]

會○[illegible]

[illegible]○六[illegible]

[illegible]者[illegible]

[illegible]

○合[illegible]會○[illegible]

先有事於泮宮注云上帝周所郊祀之帝謂蒼帝靈威仰也魯以周公之故得郊祀上帝與周同先有事于泮宮○后稷也告之者將以配天先仁也泮宮郊之學也詩所謂泮宮也字或爲郊宮晉人將有事於河必先有事於惡池鄭注云惡當爲呼聲之誤也呼池嘔夷并州川齊人將有事於泰山必先有事於配林注云配林林名是也○注以不郊至譏小也解云即僖三十一年夏四月四卜郊不從乃免牲猶三望傳云猶者何猶可以已也譏不郊而望祭也何氏云譏尊者不食而卑者獨食也○注又夕牲告至在日下○解云言古禮郊之前日午后陳其牲物告牲之牲于后稷則知此經宜云九月用辛丑郊○

晉侯使荀罃來乞師。罃烏耕反○冬，公會單子、晉侯、宋公、衛侯、曹伯、齊人、邾婁人伐鄭。

十有一月，公至自伐鄭。月者方正下壬申故月之【疏】注月者方至月之○解云正以凡致例時故此解之言正下壬申者欲正壬申爲十月之日是以不得不言十一月以隸之○

壬申，公孫嬰齊卒于貍蜃。貍[illegible]蜃[illegible]非此月日也，曷爲以此月日卒之？据下丁巳朔知壬申在十月○貍力之反蜃之忍反左氏作脤穀梁作蜃【疏】卒于貍蜃者○解云正本作貍脤字○注据下丁巳至十月○解云即下十有二月丁巳朔日有食之是也十二月丁巳朔逆而推之則丁亥爲十一月朔日又逆而推之即丁卯爲十月十一日矣即從丁卯數之戊辰己巳庚午辛未壬申然則壬申乃爲十月十六日故云据下丁巳朔知壬申在十月矣

待君命然後卒大夫。曷爲待君命然後卒大夫？据昭公出奔卒叔孫舍【疏】注据昭公至孫舍○解云即昭二十五年九月己亥公孫于齊冬十月戊辰叔孫舍卒三十二年冬十二月公薨于乾侯是也

前此者，嬰齊走之晉。不書者以爲公請除出奔之罪也○爲于僞反下文爲公同【疏】注不書者至之罪也○解云其請公者謂士沙隨時也

公會晉侯，將執公，嬰齊爲公請，公許之反爲大夫，歸，至于貍蜃而卒。十月壬申日貍蜃魯地

無君命不敢卒大夫，國人未被君命不敢使從大夫礼

[illegible]

十有一月公[illegible]

[illegible]十有二年春[illegible]

[illegible]

公至十一月至是也疏注十一月至是也○解云十有一月公至自伐鄭是也君以上傳言之則嬰齊之請魯侯許之皆是沙隨時也若在沙隨會時即在伐鄭之上何故待公伐鄭之還乃始卒之正以成公許之實在沙隨但嬰齊未還公又從鄭伐鄭未歸嬰齊已卒國人不聞公命未敢卒之亦何傷曰吾固許之反爲大夫許反爲大夫即受命矣然後卒之善其不敢自專故引其死日下就公至月卒之起其事所以激當曲之驕臣○激古狄反○十有二月丁巳朔日有食之○邾婁子貜且卒貜且俱縛反下子餘反○晉殺其大夫郤錡郤州郤至○楚人滅舒庸舒庸東夷道吳圍巢疏注舒庸東夷道吳圍巢○解云出左氏考諸舊本亦有無此注者

十有八年春王正月晉殺其大夫胥童○庚申晉弑其君州蒲日者二月庚申日上繫於正月者起正月見幽二月庚申日死也厲公猥殺四大夫臣下人人恐見及以致此禍故日起其事深爲有國者戒也疏注日者至申日○解云正以文十八年冬莒弑其君庶其傳云稱國以弑者衆弑君之辭注云一人弑君國中人人盡喜故舉國以明失衆當坐絕也例皆時者略之也然則稱國以弑者例書時而此書日故解之而昭二十七年夏四月吳弑其君僚何氏云月者非失衆見弑故不略是也云云之說在彼知庚申二月日者亦以上十二月丁巳朔言之也去年十二月丁巳朔則知今年二月丙辰朔也何者以長曆推之今年正月小故也二月丙辰朔數之丁巳戊午己未庚申則庚申爲二月五日矣正月之中盜得有之乎故知庚申二月日也○注上繫于正月至日死也○解云春秋說云厲公猥殺四大夫臣下人人恐見及正月幽之二月而死是也○注厲公猥殺四大夫者解云即去年殺三郤是歲殺胥童是也○齊殺其大夫國佐○公如晉○夏楚子鄭伯伐宋○宋魚石復入于彭城不書叛者楚爲魚石伐取彭城以封之本受于楚非得于宋故與伐於上起其意也蓋以封魚石復本繫于宋言復入者不與楚專封故從犯君錄之主書者其專封○復入扶又反注同爲于僞反下爲失

[illegible]

○秋，杞伯來朝。○八月，邾婁子來朝。

[illegible]

○築鹿囿。何以書？譏。何譏爾？有囿矣，又爲也。

[illegible]

○己丑，公薨于路寢。

[illegible]

○冬，楚人、鄭人侵宋。○晉侯使士匄來乞師。

[illegible]

○十有二月，仲孫蔑會晉侯、宋公、衛侯、邾婁子、齊崔杼同盟于虛朾。

[illegible]

○丁未，葬我君成公。

監本附音春秋公羊註疏成公卷第十八

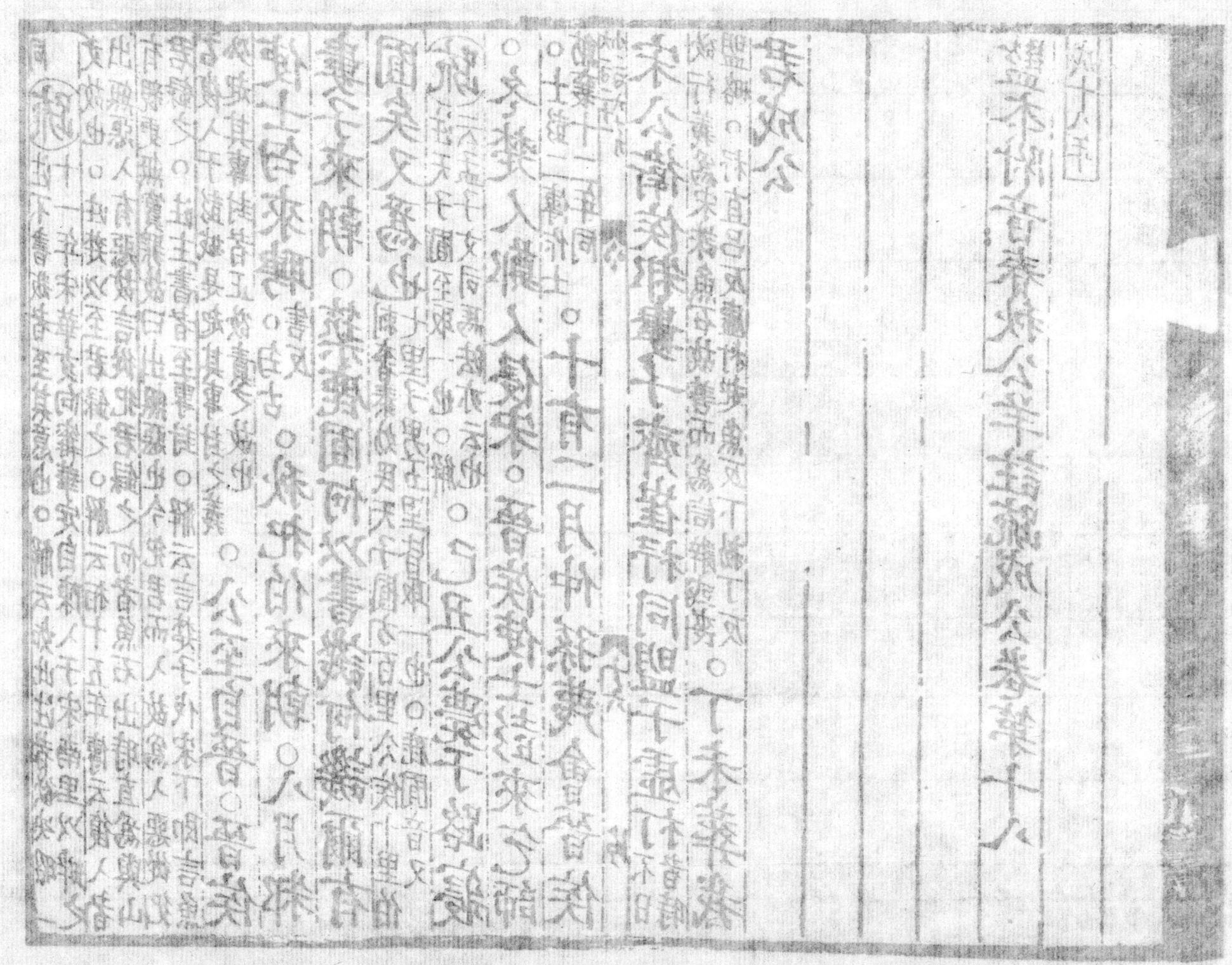

監本春秋公羊註疏襄公卷第十九 起元年盡十一年

何休學

元年春王正月公即位。仲孫蔑會晉欒黶宋華元衛甯殖曹人莒人邾婁人滕人薛人圍宋彭城宋華元曷爲與諸侯圍宋彭城據晉趙鞅以地正國加叛文今此无加叛文故問之。殖市力反 疏 注據晉至問之○解云即定十三年秋晉趙鞅入于晉陽以叛冬晉荀寅及士吉射入于朝歌以叛晉趙鞅歸于晉傳云此叛也其言歸何注云據叛與出入惡同以地正國也又注云軍以井田立數故言以地傳又云其以地正國奈何晉趙鞅取晉陽之甲以逐荀寅與士吉射荀寅與士吉射者曷爲者也君側之惡人也此逐君側之惡人曷爲以叛言之无君命也注云无君命者操兵鄉國故初謂之叛后知其意欲逐君側之惡人故錄其釋兵書歸故之君子誅意不誅事今華元與諸侯操兵鄉國而不加叛文故難之云宋華元曷爲與諸侯圍宋彭城而不加叛文與趙鞅異乎然則趙鞅以采地之兵逐君側之惡人以正其國其意實善而春秋必加叛文者正以人臣之義本无自專之道若其許之恐惡逆之臣外託兴義之兵內有覬覦之意是以雖爲善不得與之

爲宋誅也故華元无惡文。爲宋于僞反下爲宋楚爲幷注同 疏 注故華元无惡文。解云雖云操兵鄉國但稟宋公之命與諸侯之師逐去叛人以衛社稷春秋善之故无惡文也

其爲宋誅奈何魚石走之楚楚爲之伐宋取彭城以封魚石魚石之罪奈何以入是爲罪也說在成十八年書者善諸侯爲宋誅雖不能誅猶有屈彊臣之助 疏 注魚石之楚○解云即成十五年宋魚石出奔楚是也○楚爲至魚石○解云即成十八年夏楚子鄭伯伐宋宋魚石復入于彭城是也○以入是爲罪也○解云言魚石於成十五年初出之時直是與以有親恐見及是以辟而去非其大罪也至成十八年外託鄭楚之兵以伐取君邑遂居彭城與君相拒失人臣之義非順行之道故曰以入是爲罪也○注說在成十八年○解云即謂成十八年經具說楚子鄭伯伐宋宋

魚石復入于彭城之事言上辛楚鄭伐宋下即言魚石復入復入者出无惡之文明其出奔楚時非其罪也但前託楚鄭伐取彭城爲大惡故此傳云以入是爲罪矣非謂成十八年更有解注。注書者至之助。解云傳云爲宋誅而知不能誅者正以助其君討叛臣義之高者若能誅之理應在見似若昭四年經書執慶封殺之今但言圍而无殺文故知不能誅雖不能誅尤有屈魚石之功是以春秋書之善其爲宋誅矣

楚已取之矣曷爲繫之宋據莒人伐杞取牟婁莒牟夷以牟婁來奔不繫杞疏注據至繫杞。解云莒人伐杞取牟婁在隱四年春其后來奔者即昭五年夏莒牟夷以牟婁及防茲來奔是也

不與諸侯專封也故奪繫于宋使若宋邑者楚救不書者從封內兵也疏注故奪至邑者。解云案僖二年春王正月城楚丘傳云不與諸侯專封也然則不與諸侯專封取事一也所以或繫於宋或不繫於衛者彼以衛國已滅故无所繫不言桓公城之者不與諸侯專封故也今此魚石受楚之封入邑而叛是以奪而繫國以示不成然則不與之言雖同其不與之理實異是以齊侯封衛春秋實與楚封魚石繫宋以抑之云云之說在僖二年。注楚救至兵也。解云經傳无文而知楚救者正以楚人去年封之故也楚人是時并兵于魚石魚石之叛抑而不成令華元討之即是宋國封內之兵也封內之兵例所不錄是以楚救魚石不得書之知封內之兵例所不錄者正以定公八年傳云公歛處父帥師而至經不書之是也若然哀三年衛石曼姑帥師圍戚亦是封內之兵而得書者彼以国夏爲伯討是以得書故彼傳云齊國夏曷爲與石曼姑帥師圍戚伯討也然則春秋不與蒯聵之直故令國夏得討之国夏得討之則非封內之兵也今此魚石不成叛是以與彼異也。

夏晉韓屈帥師伐鄭。仲孫蔑會齊崔杼曹人邾婁人杞人次于合刺欲救宋而后不能也知不救鄭者時鄭背中国不能救不得刺于合二傳作鄫肯音佩疏注夏晉韓屈。解云左傳穀梁屈作厭字也。次于合者左氏合作鄫字也。注刺至得刺。解云知如此者正以莊三年冬公次于郎傳云其言次于郎何刺欲救紀而后不能也今此下文即有楚人侵宋言次于合魯人在其間故知與彼宜同例亦是初欲救宋而後不能是以春秋書其止次以譏之。

秋楚公子壬夫帥師侵宋。九月辛酉天

夏，晉韓厥帥師伐鄭。○仲孫蔑會齊崔杼、曹人、邾人、杞人次于合。

○秋，楚公子壬夫帥師侵宋。

不與諸侯專封也。

楚已取之矣。

王崩○邾婁子來朝○冬衛侯使公孫剽來聘○剽匹妙反○晉侯使荀罃來聘（疏）九月辛酉至來聘○解云諸侯為天子身服斬衰三年是以曾子問云諸侯相見揖讓而入門不得終禮廢者幾孔子曰六請問之曰天子崩大廟火日食后夫人之喪雨霑服失容則廢然則天王九月崩而四国得行朝聘禮者杜氏云辛酉九月十五冬者十月初也天王崩赴未至皆未聞喪故各得行朝聘之礼是也若然則四国行朝聘之時王之崩赴告未至於魯經書天王崩得在朝聘之上者公羊之義據百二十国寶書案而為經雖四國未知何妨先書乎

二年春王正月葬簡王（疏）二年至簡王○解云隱三年傳云天子記崩不記葬必其時也而此書者即文公九年傳云不及時書過時書我有往者則書彼注云謂使大夫往也惡文公不自往故書葬以起大夫會之然則簡王去年九月崩至今年正月但始五月矣所謂不及時是以書之○鄭師伐宋○夏五月庚寅夫人姜氏薨○六月庚辰鄭伯睔卒不書葬者諱伐喪○睔古困反（疏）注不書至伐喪○解云春秋之内諸侯之卒不書其葬非上一義而已或諱背殯用兵或譏其篡或剌不討賊杜殺大夫案此鄭伯襄公之子繼躰為君復非篡立從成十五年即位以來未有罪惡之事明其不書葬者不為上事明也而下又云冬仲孫蔑會晉荀罃以下云云于戚遂城虎牢傳云虎牢者何鄭之邑也其言城之何取之也取之則曷為不言取之為中国諱也曷為為中国諱諱伐喪也然則既不為上事下即有諱伐喪之文則知不書葬者正為諸侯諱其伐喪故也○晉師宋師衛甯殖侵鄭○秋七月仲孫蔑會晉荀罃宋華元衛孫林父曹人邾婁人于戚○己丑葬我小君齊姜齊姜者何齊姜與繆姜則未知其為宣夫人與成夫人與齊姜者宣公夫人九年繆姜者成公夫人也傳家依違者襄公服繆姜喪未踰年親自伐鄭有惡故傳從內義不正言也○繆音穆人與音餘（疏）齊姜者何○解云欲

[illegible]

夏五月庚寅夫人姜氏薨○六月庚[illegible]

二年春王正月[illegible]

[illegible]

言成母諡不言宣欲言成妻與成諡別故執不知問○注齊
姜至正言也○解云左氏以齊姜成公夫人繆姜宣公夫人
而何氏不然者正以齊姜先薨多是姑繆姜後卒理宜為婦
實無文據以順言之也且九年襄公伐鄭不書其至若非親
母不進與之至此矣言襄公服繆姜喪未踰年親自伐鄭者
即襄九年五月辛酉夫人姜氏薨秋八月癸未葬我小君繆
姜冬公會晉侯以下伐鄭是也然則襄公母死未期已為臣
首無恩之甚是故為諱若為祖差輕可言是以彼注云不致
者惡公服繆姜喪未踰年親自伐鄭故奪臣子辭是也舊云
傳言惡襄公喪服用師故以祖為親母所以甚責內是以何
氏順傳文也者非也公羊之義口授相傳五世以後方著竹
帛是以傳家數云無聞焉以尒此言之容或未察止作公羊
氏實不分明何以不得而要知傳序經意依違之者正以文
與桓公九年曹世子射姑同故也案桓公九年冬曹伯使其
世子射姑來朝傳云諸侯來曰朝此世子也其言朝何春秋
有譏父老子代從政者則未知其在齊與在曹與注云在齊
者世子光也時曹伯年老有疾使世子行聘禮恐卑故使自
代朝雖非礼有尊厚魯之心傳見下卒葬詳錄故叙經意依
違之也然則彼剌曹世子而傳序經意不正
言之今此文正與彼同故知亦依違言之
○孫叔豹如

遠

宋○冬仲孫蔑會晉荀罃齊崔杼宋華元衛
孫林父曹人邾婁人滕人薛人小邾婁人于
戚遂城虎牢虎牢者何鄭之邑也以下戍繫鄭疏
虎牢者何○解云欲言鄭邑今不繫鄭欲言他邑已有城虎牢
之文執不知問○注以下戍繫鄭者○解云即下十年冬戍
鄭虎牢是其言城之何據外城邑不書疏注據外至不書○解云正以春秋上下無外城
邑之經故也而何氏數邑言之者正以外城国都亦有書者
是以不得直言據外城国都其書之者即城邢城楚丘城緣
陵城成周之屬是也其外城国都雖非常
例要自數數有經是以何氏據邑言之取之也取之
則曷為不言取之據取牟婁疏注取牟婁○解云即隱四年二月莒人伐杞取
牟婁是也為中國諱也曷為為中國諱據莒伐杞取牟婁不為中国諱
○為中于偽反下及注并下文鄭為皆同諱伐喪也曷為不繫乎鄭為

中國諱也大夫無遂事此其言遂何歸惡乎大夫也使莒大夫自生事取之者即實遂但當言取之○楚殺其大夫公子申疏注諱伐喪也○解云考諸古本皆无此注且與下傳文煩重若有注者是衍字也○曷爲爲中國諱○解云正賠莒人取牟婁不爲中國諱矣而何氏不注之者以上文已據取牟婁是以不能重出曷爲不繫乎鄭者正據下十年冬伐之時繫鄭也爲中國諱也者若繫于鄭還有伐喪之義故云中國諱也○注即實至取之○解云若實大夫自生事即非諸侯使之取是以不勞爲諸侯諱依實書之亦无傷故言即實遂但當言取之

三年春楚公子嬰齊帥師伐吳○公如晉○

夏四月壬戌公及晉侯盟于長樗○樗勑居反公至自晉盟地者不于都也以晉致者上盟不于都嫌如晉不得入故以晉致起之不別盟得意者成公比失意如晉公獨得容盟得意亦可知○別彼列反疏注盟地至可知○解云文三年冬公如晉十有二月己巳公及晉侯盟彼不舉地者以其在國都故也今此舉長樗故言不于都矣云以晉至起之者昭二十八年春王三月公如晉次于乾侯二十九年春公至自乾侯居于運何氏云不致以晉者不見容于晉未至晉然此經上言盟于長樗今若又言至自長樗即嫌以次于乾侯然亦不得入晉都故以晉致起其文也云不別至可知者公與二國以上出會盟得意致會不得意不致公與一國出會盟得意致地不得意不致然則此襄公得與晉侯盟宜直致地不致地者以其可知也言成公比失意於晉者即成公十六年秋公會晉侯以下于沙隨不見公傳云前此者晉人來乞師而不與公會晉侯將執公季孫行父曰此臣之罪也於是執季孫行父經又云公會尹子晉侯以下伐鄭傳云成公將會晉厲公會不當期將執公季孫行父曰臣有罪執其君子有罪執其父此聽失之大者也今此臣之罪也舍臣之身而執臣之君吾恐聽失之爲宗廟羞也於是執季孫行父是也○六月公會單子晉侯宋公衛侯鄭伯莒子邾婁子齊世子光己未同盟于雞澤盟下日者信在世子光也疏注盟下至光也○解云言信任在於世子光者如盟日定否世子光制之

楚殺其大夫公子申。

三年春，楚公子嬰齊帥師伐吳。公如晉。

夏四月壬戌，公及晉侯盟于長樗。

公至自晉。

六月，公會單子、晉侯、宋公、衛侯、鄭伯、莒子、邾子、齊世子光。己未，同盟于雞澤。

然是以下日以近之由如文十四年注云盟下日者剌諸侯微弱信在趙盾之類何氏何以數言信在正以下十六年傳云諸侯皆在是其言大夫盟何信在大夫也舊解云齊光亢諸侯之禮晉侯貴致大國衆人畏之故却日以待之非也

陳侯使袁僑如會其言如會何據曹伯襄言會諸侯鄫子言會盟○僑其騎反

疏注據曹伯襄言會諸侯者即僖二十八年冬曹伯襄復歸于曹遂會諸侯圍許是也云鄫子言會盟者即僖十九年鄫子會盟于邾婁是也

後會也不直言會盟者時諸侯不親與袁僑盟又下方殊及之

疏注不直至及之○解云若其諸侯親與之盟宜云公會侯不親與之盟故止得言於會矣云又下方殊及之者即下云及諸侯之大夫及陳袁僑盟是也言下方殊文道及陳袁僑盟是以此處未勞道會盟

戊寅叔孫豹及諸侯之大夫及陳袁僑盟曷為殊及陳袁僑據俱諸侯之大夫也言之大夫者辟諸侯與大夫皆盟

為其與袁僑盟也陳鄭楚之與國陳侯有慕中國之心有疾使大夫會諸侯欲附疏不復備責遂與之盟共結和親故殊之起主為與袁僑盟也復出陳者喜得陳國也不重出地有諸侯在臣繫君故因上地○為其于僞反注同不復扶又反下同重直用反

疏注陳鄭至國也○解云即宣十一年夏楚子陳侯鄭伯盟于辰陵是也知有慕中國之心者正謂使大夫如會是也且僖八年鄭伯乞盟之下注云時鄭伯欲與楚不肯自來盟處其國遣使挹取其血而請與之約束无汲汲慕中國之心故抑之使若叩頭乞盟者也不錄使者方抑鄭伯使若自來也然則鄭伯无慕中國之心抑言乞盟又不錄其使則今不言乞盟又錄其使則有慕中國之心明矣又知有疾者非直以其不自來又見下四年三月陳侯午卒矣云復出陳者喜得陳國也者欲決成二年及國佐盟于袁婁之經彼不重言齊今重言陳者喜得陳國故也孔子曰書之重辭之復嗚呼不可不察其中必有美者焉是以僖四年傳云曷為再言盟喜服楚也故此注云復出陳者喜得陳也春秋意必如此者正以楚人強盛諸夏微弱陳侯背楚故喜得之所以奪夷狄之勢益諸夏之榮也○注不重出地○解云正決襄二十七年夏叔孫豹會晉趙武楚屈建以下于宋秋七月辛巳豹及諸侯之大夫盟于宋彼所以再出地者正以上无君故也今諸侯在臣繫於君故因上地矣下十六年春公會晉侯以

下于溴梁戊寅大夫盟之下不重出地者亦以爲諸侯在臣繫于君得因上地故彼注云不重出地者與三年雞澤大夫盟同義是也○秋公至自會○冬晉荀罃帥師伐許

四年春王三月己酉陳侯午卒○夏叔孫豹如晉○秋七月戊子夫人弋氏薨○弋氏以職反莒女也左氏作姒氏

【疏】四年至夫人弋氏薨○解云左氏經作姒氏字聲勢與此同○定弋者何○解云欲言君母謚不言成欲言是妾卒葬並見故執不知問○葬陳成公○八月辛亥葬我小君定弋定弋者何襄公之母也定弋莒女也襄公者成公之妾子○定弋左氏作定姒

【疏】注定弋至妾子○解云正以鄫世子巫者莒之外孫下五年傳意以爲與襄公爲舅出故知弋氏爲莒女也○冬公如晉○陳人圍頓

五年春公至自晉○夏鄭伯使公子發來聘

○叔孫豹鄫世子巫如晉外相如不書此何以書據晉郤克與莊孫許同時而聘于齊不書○巫亡扶反

【疏】注據晉至不書○解云成二年傳云云者是也然則臧孫許不書者自是恥之故也而郤克聘齊不書之者是外相如例不書故也是以據之若然桓五年夏齊侯鄭伯如紀傳云外相如不書此何以書何氏云據蔡侯東國卒于楚不言如也何氏彼據蔡侯此據郤克者欲逐其相類故也何者彼齊侯鄭伯是君且事不干魯故據蔡侯卒于楚不言如矣此鄫世子巫事非親且叔孫豹率之故據晉大夫與臧孫許俱行者所引譬連類得其象也且其齊鄭如紀州公如曹皆得書者彼文悉有成解爲叔孫豹率而與之俱也以不殊鄫世子俱言如也○率于僞反

【疏】注以不至如也○解云正以不言及鄫世子與叔孫共作一文故知叔孫率之矣叔孫豹則曷爲率而與之俱據非内大夫蓋舅出也巫者鄫前夫人襄公母姊妹之子也俱莒外孫故曰舅出

【疏】蓋舅出也者　解云謂巫是襄公舅氏之所出姊妹之子謂之出也言蓋者公羊子不受于師故疑若下傳蓋

[illegible]

○楚殺其大夫公子申

[illegible]

三年春楚公子嬰齊帥師伐吳○公如晉○夏四月壬戌公及晉侯盟于長樗

[illegible]

○公至自晉○六月公會單子晉侯宋公衛侯鄭伯莒子邾子齊世子光己未同盟于雞澤

[illegible]

○陳侯使袁僑如會○戊寅叔孫豹及諸侯之大夫及陳袁僑盟

[illegible]

○秋公至自晉○冬晉荀罃帥師伐許

[illegible]

四年春王三月己酉陳侯午卒○夏叔孫豹如晉

[illegible]

○秋七月戊子夫人姒氏薨

[illegible]

欲立其出也之類或言此蓋宜訓爲皆若隱二年傳云蓋通于下。蓋云歸哉之類言襄公與巫皆是一男姊妹之子也

莒將滅之故相與往殆乎晉也始疑凝讞于晉齊人語。凝讞魚蝎反莒將滅之則曷爲相與往殆乎晉據當以兵救之取後乎莒也其取後乎莒奈何莒女有爲鄫夫人者蓋欲立其出也時莒女嫁爲鄫後夫人夫人無男有女還嫁之于莒有外孫鄫子愛後夫人而無子欲立其外孫主者善之得爲善者雖揚父之惡救國之滅者可也○仲孫蔑衛孫林父會吴于善稻不殊衛者晉侯欲會吴于戚使魯衛先通好見使畀故不殊蓋趣所恥。善稻左氏作善道好呼報反疏注書者善之。解云六年秋莒人滅鄫然則不能救滅而得善之者雖不能救有言之功故也○秋大雩先是襄公數用兵圍彭城虎牢三年再會四年如晉踰年乃反。又賦斂重恩澤不施所致。數所角反斂力驗反疏注先是至所致。解云圍彭城在元年春即經云仲孫蔑

公羊十九　八

會晉欒黶以下圍彭城是也其城虎牢者在上二年冬遂城虎牢是也云三年再會者蓋爲三年六月公會單子晉侯以下同盟于雞澤下云戊寅叔孫豹及諸侯之大夫及陳袁僑盟是也雖是一出行頗有二事傳車費重而致旱緣是之故得作然解云四年如晉踰年乃反者即上四年冬公如晉五年春公至自晉是也其元年夏仲孫蔑會齊崔杼以下次于合二年秋叔孫豹如宋冬仲孫蔑會晉荀罃以下于戚於此諸事豈不爲費而注不言之者正以元年舉圍彭城二年舉城虎牢三年舉再會四年舉如晉年舉一事揔而言之見其致旱之由而已其餘不足舉者文略不悉耳其三年再會並舉之者以其皆會事可以一言而盡故也○楚殺其大夫公子壬夫。○公會晉侯宋公陳侯衛侯鄭伯曹伯莒子邾婁子滕子薛伯齊世子光吴人鄫人于戚吴何以稱人據上善稻之會不稱人疏楚其大夫公子壬夫。○解云春秋之內君殺大夫皆至葬時別有罪無罪今吴楚之君例不書葬不作此文以別之者蓋以略夷狄故也吴鄫人云則不

辭孔子曰言不順則事不成方以吳抑鄫國列在称人上
不以順辭故進吳称人所以抑鄫者經書莒人滅鄫文
與巫許巫當存悪鄫文不見見悪必以吳者夷狄尚知父死
子繼故以甚鄫也等不使鄫称國者鄫不如夷狄故不得與
夷狄同文○悪鄫烏路反不見賢編反疏注所以抑至不見○解云經書言莒人滅鄫者在下六年秋其經称
人以賂鄫之云又與巫許者即上文由子巫如晉是也許之辭即合存之義然則上下二經皆非鄫咎故曰悪鄫文不見
也公至自會○冬戍陳孰戍之諸侯戍之曷
爲不言諸侯戍之据下救陳言諸侯疏注据下救陳言諸侯○解云謂歷敘
諸侯即下文云公會晉侯以下救陳是也離至不可得而序離至離別前後至也陳坐
欲與中國被強楚之害中國宜離然同心救之乃解怠前後至故不序以刺中國之无信○離然七合反又如字十年注
同解古賣反疏注陳坐至无信○解云其與中國者謂欲得與中國即上三年陳侯使袁僑如會是也其被強
楚之害者正見諸侯戍之故也故言我也言我者以魯至特書與魯微者同文微者同文者使若城

楚丘辟魯獨戍之戍例時疏注與魯微者同○解云以不載名氏及國直言其事者若莊公二十八年冬築微之
文故云與魯微者同文矣云微者同文者使若城楚丘辟魯
獨戍之者城楚丘在僖二年彼時亦直言城楚丘作魯微者
之文魯之微者焉能獨城乎明其更有餘國是以書月見其
非內城今此戍陳之經亦作魯微者之文魯之微者焉能獨
戍乎明其更有餘國矣故曰使若城楚丘辟魯獨戍之云戍
例時者正以此文直書冬十年冬戍鄭虎牢故知例時也
○楚公子貞帥師伐陳○公會晉侯宋公衛
侯鄭伯曹伯莒子邾婁子滕子薛伯齊世子
光救陳十有二月公至自救陳○辛未季孫
行父卒疏十有二月公至自救陳○賈氏云月爲下卒起其義也
六年春王三月壬午杞伯姑容卒始卒更名日書葬者新黜
未忍便略也疏注始卒至略也○解云案僖二十三年冬十有一月杞子卒而於此言始者彼注云卒者桓公

[illegible]

六年春王三月壬午杞伯姑容卒 [illegible]

夏宋華弱來奔 [illegible]

秋葬杞桓公 [illegible] ○ 滕子來朝 [illegible]

莒人滅鄫 [illegible] ○ 冬叔孫豹如邾 [illegible]

季孫宿如晉 [illegible] 十有二月齊侯滅萊 [illegible]

[illegible]

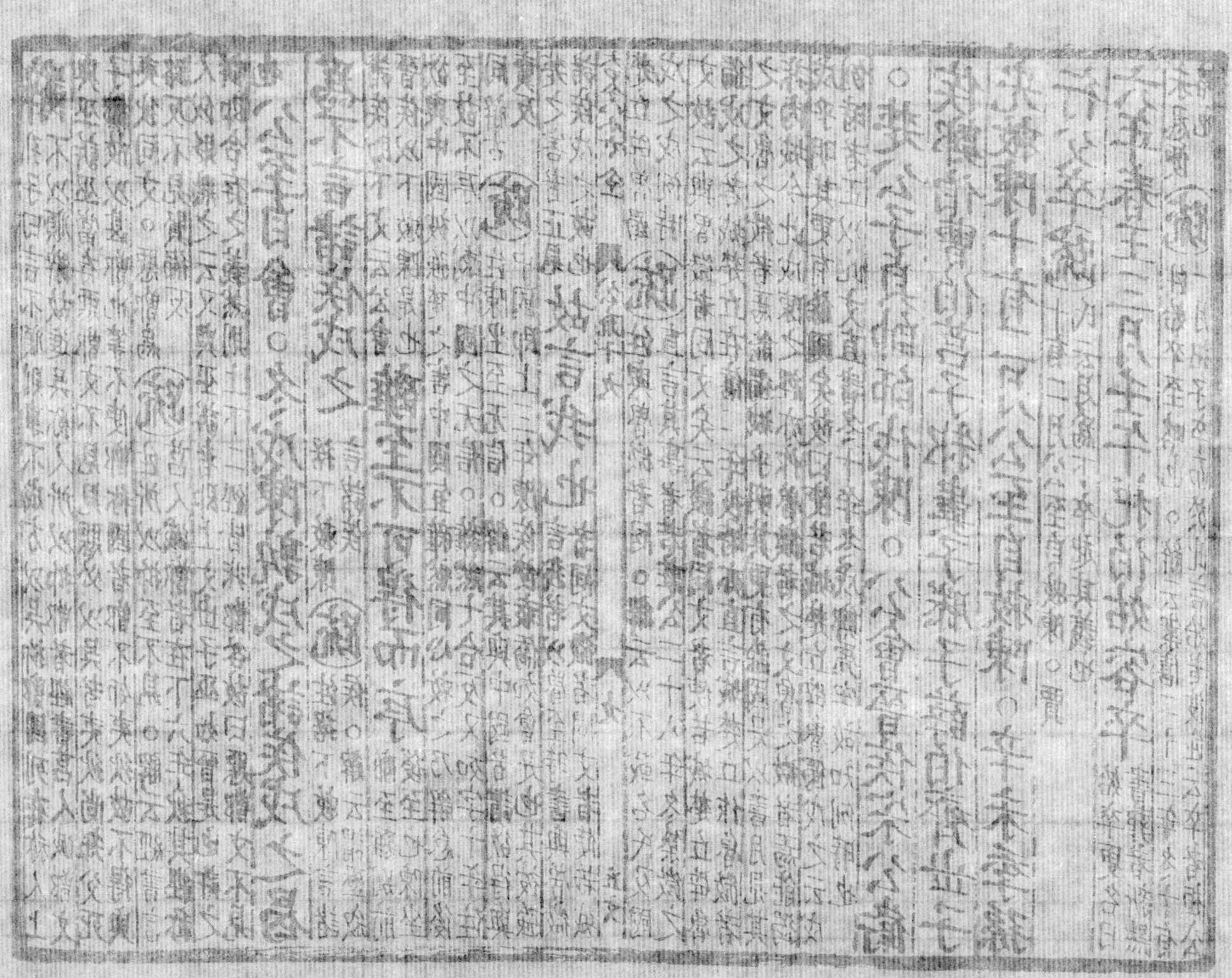

存王者後功尤美故爲表異卒錄之然則傳聞之世小國之卒未合書見非其常例矣至所聞之世始合書卒是以於此言始矣文十三年夏五月邾婁子籧篨卒宣九年秋八月滕子卒其名日與葬皆未書今此盡錄故解之也言新黜未忍便略也者即莊二十七年冬杞伯朝注云杞夏後不稱公者春秋黜杞新周而故宋以春秋當新王者以其稟氣朱王聖人撫嗣雖其微弱未忍便略之○夏宋華弱來奔○秋葬杞桓公○滕子來朝○莒人滅鄫莒稱人者莒公子鄫外孫稱人者從莒无大夫也言滅者以異姓爲後莒人當坐滅也不月者取後于莒非兵滅疏注莒稱人者○解云從莒无大夫即莊二十七年傳莒无大夫此何以書是也○注不月者○解云凡兵滅者例書月即莊十年冬十月齊師滅譚十三年夏六月齊人滅遂之屬是也今此非兵滅故書時矣以此言之即知僖二年晉滅下陽僖十年狄滅溫之屬皆蒙上月矣僖十七年夏滅項彼注云不月者桓公不坐滅略小國僖二十六年秋楚人滅夔何氏云不月者略夷狄滅微國也以此言之則知僖十二年夏楚人滅黃文五年秋楚人滅六之屬亦是略之故也其衛侯燬滅邢楚子滅蕭蔡歸生滅沈之屬皆當文自釋不勞備說注據譚子言奔者即莊十年齊師滅譚譚子奔莒是也○冬叔孫豹如邾婁○季孫宿如晉○十有二月齊侯滅萊曷爲不言萊君出奔据譚子言奔曷爲于僞反○國滅君死之正也明國當存不書殺萊君者舉滅國爲重○重直用反疏注不書至爲重○解云欲決定四年四月庚辰蔡公孫歸姓帥師滅沈以沈子嘉歸殺之文也彼注云不舉滅爲重書以歸殺之者責不死位也是也

七年春郯子來朝郯音談○夏四月三卜郊不從乃免牲○小邾婁子來朝○城費費音祕○秋季孫宿如衛○八月螽先是郯小邾婁來朝有賓主之賦加以城費季孫宿如衛煩擾之應○螽音終一音鍾○冬十月衛侯使孫林父來聘壬戌及孫林父盟○楚公子貞帥師圍陳○十

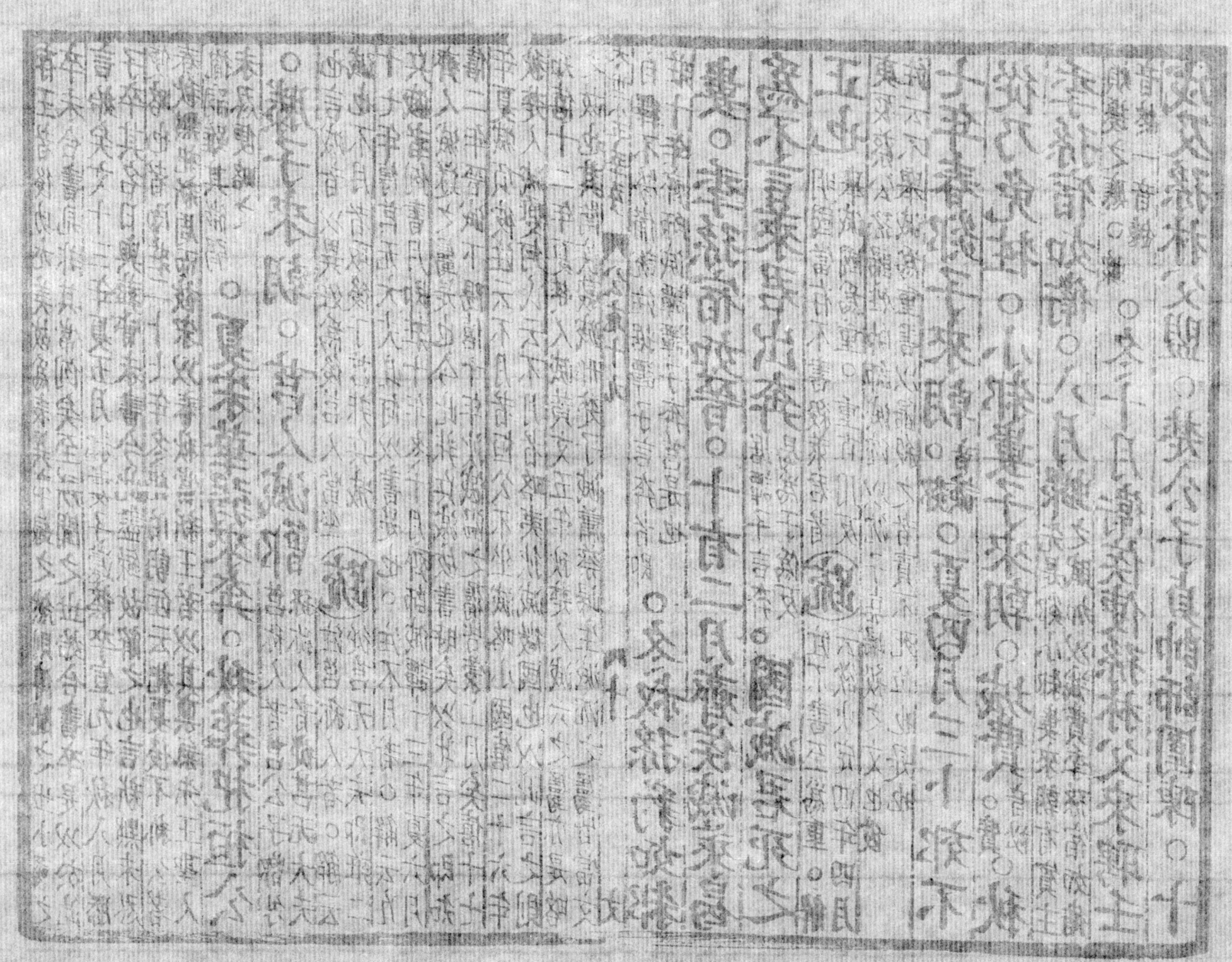

有二月公會晉侯宋公陳侯衛侯曹伯莒子
邾婁子于鄬。鄬于委反字林凡吹反鄭伯髡原如會未見
諸侯丙戌卒于操操者何鄭之邑也諸侯卒
其封内不地此何以地据陳侯鮑卒不地。髡原苦門反左氏作髡頑操七報反
一音七南反疏鄭伯髡頑如會者。解云正本作頑字亦
左氏作鄵有一本作原字非也。操者何。解云欲
言鄭邑封内不地欲言外邑文不繫外故執不知問其鄵字
者非正本也。注据陳至不地。解云即桓五年正月甲戌
己丑陳侯鮑卒傳曰曷為以二日卒之㤜也甲戌之日亡己丑
之日死而得君子疑焉故以二日卒之是封内卒不地者故
据而難之隱之也何隱爾弑也孰弑之其大夫弑
之曷為不言其大夫弑之据鄭公子歸生弑其君夷書。弑也音試下及
注皆同疏注据鄭至夷書。解云在宣四年夏六月書者謂書大夫名氏矣為中國諱

也曷為為中國諱据歸生弑君不為中國諱。為中于僞反下及注皆同鄭伯
將會諸侯于鄬其大夫諫曰中國不足歸也
則不若與楚鄭伯曰不可其大夫曰以中國
為義則伐我喪据虎城牢事疏注据城虎牢者。解云上二年經云遂城虎牢傳云
虎牢者何鄭之邑也其言城之何取之也取之曷為不取之為中國諱也曷為為中國諱諱伐喪也是也以
中國為彊則不若楚言楚屬圍陳不能救。屬音燭疏注言楚至能救。解
云即上文云楚公子貞帥師圍陳終無救文是也於是弑之禍由中國無義故深諱使若自卒。
旤由音禍鄭伯髡原何以名据陳侯如會不名疏注据陳至不名。解云即
僖二十八年五月公會晉侯以下于踐土陳侯如會是也傷而反未至乎舍而卒
也舍昨日所舍止處也以操定邑知傷而反也未見諸侯尚往卒知未至舍也云尔者言者係卒諸侯卒名故於

如會名之明如會時為大夫所傷以傷辜死也君親無將見
辜者辜內當以弑君論之辜外當以傷君論之○處昌慮反
見辜賢遍反【疏】注以操定邑知傷而反也者。解云正以操是鄭邑操本去鄭弥遠是以知其見傷而還○注未見諸侯至舍也者。解云凡言未見者有欲見之理知尚往辭若其廻還至舍便絕未見之義經不應得言未見故如此解。○注君親無將。○解云莊三十二年傳云君親無將將而必誅故此注引之其弑君論之者其身梟首其家執之其傷君論之其身斬首而已罪不累家漢律有其事然則知古者保辜者亦依漢律律文多依古事故知然也

未見諸侯其言如會何致其意也鄭伯欲與中國意未達而見弑故養逐而致之所以達賢者之心【疏】未見諸侯其言會何。○解云上陳侯如會袁僑如會之輩皆是至會今鄭伯既言未見諸侯而言如會故據未見而難之

陳侯逃歸起鄭伯欲與中國卒逢其禍諸侯莫有恩痛自疾之心於是懼然後逃歸故書以刺中國之無義加逃者抑陳侯也孔子曰夷狄之有君不如諸夏之亡不當背也○背音佩

八年春王正月公如晉月者起弑之會鄭伯以弑陳侯逃歸公獨脩禮於大國得自安之道故善錄之○以弑音試

○夏葬鄭僖公賊未討何以書据順事上使君無賊然不月者本實當去葬責臣子故不足也○為中于偽反

葬為中國諱也去起呂反【疏】賊未討何以書葬。○解云正以隱十一年傳云春秋弑君賊不討不書葬以為無臣子也是以弟子据而難之。○注不月者。○解云本實當去葬責臣子故不足也者正以卒日葬月達於春秋大國之例今鄭為大國不月故如此解

○鄭人侵蔡獲蔡公子燮此侵也其言獲何据宋師敗績獲宋華元戰乃言獲也○燮素協反【疏】獲蔡公子燮者穀梁作公子濕○注据宋至獲也。○解曰即宣二年春宋華元帥師及鄭公子歸生帥師戰于大棘宋師敗績獲宋華元是也公羊之義以為獲者曰侵故如此解

侵而言獲者適得之也時適遇值其不備獲得之易不言取之者封內兵不書嫌如子糾取一人故言獲起有兵也又將兵樂難不明候伺雖不戰鬬當坐獲○易以豉反難乃旦反伺音司又息嗣反【疏】注易不言取之者。○解云春秋之義取為易辭故隱十年鄭伯伐取之傳云其言伐取之何易

也者是春秋之義封內之兵例不書之故定八年傳云公斂處父帥師而至經不書之是也莊九年齊人取子糾殺之者是取一人之文凡言獲者用兵之文即獲宋華元獲陳夏齧之輩是也然則此傳言適得之即是易之甚者所以不言取之者其人是時將兵拒鄭但未至鬬戰封內之兵例所不書既不得書有蔡師若言鄭人侵蔡取公子燮則嫌如莊九年齊人取子糾殺之然但取一人而已故言獲起其文是時亦將兵來云又將兵禦難不明徇難雖不戰鬬當坐獲者以謂蔡公子燮當以被獲爲坐罪何者以其於守禦之道不足故也 ○ 季孫宿會晉侯鄭伯齊人宋人衛人邾婁人于邢丘 ○邢音刑 ○公至自晉 ○莒人伐我東鄙 ○秋九月大雩 由城費公比出會如晉莒人伐我動擾不恤民之應 疏 注由城至之應 ○解云城費在七年夏也公比出會者即五年冬公會晉侯以下救陳七年十二月公會晉侯以下于鄬是也如晉者即今年正月公如晉是也莒人伐我者即今年夏莒人伐我東鄙是也或者公比出會者即七年公會晉侯以下于鄬今年季孫宿會晉侯以下于邢丘是也然則季孫宿會而言公比出會者略舉以言之是以不復別也

○冬楚公子貞帥師伐鄭 ○

晉侯使士匄來聘

九年春宋火曷爲或言災或言火大者曰災小者曰火 大者謂正寢社稷宗廟朝廷也下此則小矣災者離本辭故可以見火 ○宋火二傳作宋災離力智反見賢偏反 疏 言火者 ○解云左傳穀梁作宋災曷爲或言災者莊二十年夏齊大災襄三十年宋災之類是 ○大者曰災小者曰火 ○解云五行書云害物爲災不害物爲異者謂雹霜水旱螽螟之屬非謂火害與否與此非妨矣 ○注災者至見火 ○解云本實是火而謂之災離其本辭故曰離本辭災者害物之名故可以見其大於火也然則何氏以爲春秋之義不諱人火火者皆是天害也但害於大物則言災害於小物則言火且不如左氏人火曰火故如此注所以然者正以春秋之義重於天道略於人事人火之難何足記也

然則內何以不言火 據西宮災不言火 疏 注據西至言火 ○解云即僖二十年夏五月乙巳西宮災傳云西宮者何

小寢也彼注云西宮者小寢內室楚女所居也以其非正寢
社稷宗廟朝廷故謂之小君然桓十四年秋八月壬申御廩
災亦應是小所以不據之者以其御用於宗廟
之物於小義不強豈似西宮為小寢內室乎 內不言火
者甚之也 春秋以內為天下法動作當先
自克責故小有火如大有災 何以書記
災也外災不書此何以書為王者之後記災
也 是時周樂已毀先聖法度浸疏遠不
用之應○為王于偽反浸子鴆反 疏 外災不書○解云莊十一
年秋宋大水之下傳云外災不書此何以書注云据鄭移不
書是也○為王者之後記災也○解云春秋之義詳內而略
外是以外災列不錄而書皆善文又皆有傳弊不勞備載也
○注是時至之應○解云宣十六年夏成周宣謝災傳云成
周者何東周也宣謝者何宣宮之謝也彼注云宣宮周宣王
之廟傳云何言乎成周宣謝災樂器藏焉爾注云宣王中興
所作樂器天災中興之樂器示周不復興是也然則宣公十
六年時周樂已毀而宋是王者之後先聖法度所存今復災
之是法度浸疏遠不用之應也

夏季孫宿如晉○五月甲午夫人
姜氏薨○秋八月癸未葬我小君繆姜○冬
公會晉侯宋公衛侯曹伯莒子邾婁子滕子
薛伯杞伯小邾婁子齊世子光伐鄭十有二
月己亥同盟于戲 事連上伐不致者惡公服繆姜喪
未踰年而親伐鄭故奪臣子辭○
戲許宜反
惡烏路反 疏 注事連至子辭○解云莊六年傳得意致會
不得致伐者謂公與二國以上會伐並有之
時若公與二國以上出會盟得意致會不得意不致也然則
今此若直同盟于戲而已容或不致今事連上伐若其得意
宜致會若其不得意宜致伐不不致之理而今不致者惡其
毋服未期親自用兵不子之甚故不書致言奪臣子辭者正
以凡書致者皆是臣子喜其君父脫危而
至今不書致似若不脫然故曰奪臣子辭 楚子伐鄭
十年春公會晉侯宋公衛侯曹伯莒子邾婁
子滕子薛伯杞伯小邾婁子齊世子光會吳

[illegible]伯杞伯小邾子[illegible]

十年春公會晉侯宋公衛侯曹伯莒子邾子滕[illegible]

[illegible]

月己亥同盟于戲[illegible]

[illegible]伯杞伯小邾子齊世子光[illegible]

公會晉侯宋公衛侯曹伯莒子邾子[illegible]

[illegible]○[illegible]○[illegible]

[illegible]

夏季孫宿如晉○五月辛酉夫人[illegible]

[illegible]

也[illegible]不書[illegible]

[illegible]也[illegible]

于柤○柤莊加反○夏五月甲午遂滅偪陽○偪音福又彼力反

疏遂滅偪陽○解云左氏經作偪字音夫目反一音逼近之逼而南州人云道仍有偪陽之類如逼近之逼矣

公至自會滅日者甚惡諸侯不崇禮義以相安反遂爲不仁開道彊夷滅中國中國之禍連蔓日及故疾録之滅亾于取邑例不當書皆書致者深諱若公與上會不與下滅○惡烏路反道音導蔓音萬公與音預下同

疏注滅日至下滅○解云凡滅例月即莊十年冬十月齊師滅譚十三年夏六月齊人滅遂之屬是今乃書日故如此解也言反遂爲不仁者則此經遂滅偪陽是也云開道險夷者昭八年夏楚人執陳行人干徵師殺之冬十月壬午楚師滅陳執公子招放之于越殺陳孔奐十一年夏四月丁巳楚子虔誘蔡侯般殺之于申楚公子棄疾帥師圍蔡冬十一月丁酉楚師滅蔡執蔡世子有以歸用之三十年冬十有二月吳滅徐徐子章禹奔楚定十四年楚公子結帥師滅頓以頓子牄歸十五年春楚子滅胡以胡子豹歸之屬皆是強夷迭害諸夏故言連蔓日及是以變例書日疾而録之云滅比云云者春秋之義主書致者正欲別其得意以不故莊六年傳曰得意致會不得志致伐是也若取邑例不書致所

以然者取得他邑得意明矣何勞書致以見之乎是以昭二十三年夏公伐邾婁取叢何氏云取邑不致者得意可知例是也然則滅得他國義如取邑故曰滅比取邑亦不當致而致之者深爲内諱使若公不與滅事故也○楚公子貞鄭公孫輒帥師伐宋○晉師伐秦○秋莒人伐我東鄙○公會晉侯宋公衛侯曹伯莒子邾婁子齊世子光滕子薛伯杞伯小邾婁子伐鄭○冬盜殺鄭公子斐公子發公孫輒不言其大夫者降從盜故與盜同文○斐芳尾反左氏作騑

疏冬盜殺云云○解云凡春秋之事君殺大夫稱國即僖七年鄭殺其大夫申侯之屬是也大夫相殺稱人即文九年晉人殺其大夫先都之屬是也今此士殺其大夫故言盜矣是以文十六年傳云大夫弑君稱名氏賤者窮諸人注云賤者謂士也士正自當稱人大夫相殺稱人賤者窮諸盜注云降大夫使稱人降士使稱盜者所以別死刑有輕重也者是其士殺大夫稱盜之義也○注不言

其至同文。解云士正自當稱人宜言鄭人殺其大夫某甲
今不言其大夫者正以士既降從盜故與盜同文也其盜殺
者即哀四年春盜弑蔡侯申傳云弑君賤者窮諸人此其稱
盜以弑何賤乎賤者也賤乎賤者孰謂謂罪人也彼注云罪
人者未加刑也蔡侯近罪人卒逢其禍故以為人君深戒不
言其君者方當刑放之與刑人義同然則盜殺蔡侯申不言
其君今此士殺大夫降之言盜亦不言其大夫與實盜同故
云降從盜故與盜同文也而哀四年注云當刑放之與刑人
義同者襄二十九年夏五月閽弑吳子餘祭傳云閽者何門
人也注云以刑人為閽非其人故變盜言閽君子不近刑人
近刑人則輕死之道也注云不言其君者公家不畜士庶不
友放之遠地欲去聽所之故不繫國不繫國故不言其君然
則刑人所止不常厥居君故出奔任其所願由此之故不合
繫國既不繫國則君臣義盡是以春秋去君以見之其殺
蔡侯者由未加刑而亦不言其君
者方當刑放故與刑人同義也。戍鄭虎牢孰戍
之諸侯戍之曷為不言諸侯戍之離至不可
得而序故言我也刺諸侯既取虎牢以為蕃蔽不能
雜然同心安附之。為蕃方元反

【疏】戍鄭虎牢云云。解云五年陳戍之下已有傳而復發
者蓋嫌國邑不同故也注既取虎牢者即二年冬遂城
虎牢傳云虎牢者何鄭之邑也其言城之何取之也取之曷
為不言取之為中國諱也曷為為中國諱諱伐喪也是也
諸侯已取之矣曷為繫之鄭據莒牟夷以牟婁
來奔本杞之邑不
繫于
杞【疏】注據莒至于杞。解云即昭五年莒牟夷以牟婁
及防茲來奔是也云本杞之邑即隱四年二月莒
人伐杞取
牟婁是也諸侯莫之主有故反繫之鄭諸侯本无
利虎牢之
心欲共以距楚爾无主有之者故不當坐取邑故反繫之鄭
見其意也所以見之者上諱伐喪不言取今刺戍之舒緩嫌
於義反故正之云尒。諸侯莫【疏】注所以見之者。解云
之主有絶句見其賢偏反下同上諱伐喪不言取者即
二年冬遂城虎牢傳云云是也不言取諱之似不合取既不
合取戍之舒緩即不合刺而今刺之義似違是以春秋繫之
於鄭見无主有明欲拒楚實无貪利即諸
侯取之不合罪坐也故云不當坐取邑耳。楚公子貞
帥師救鄭。公至自伐鄭

十有一年春王正月作三軍三軍者何三卿也爲軍置三卿官也卿大夫爵號大同小異方據上卿道中下故揔言三卿。爲軍于僞反年末同

疏 作三軍。解云公羊以爲王官之伯宜半天子乃有三軍魯爲州牧但合二軍司徒司空將之而已今更益司馬之軍添滿三軍是以春秋書而譏之故曰作三軍是以隱五年注禮天子六師方伯二師諸侯一師是其一隅也何氏之意以軍與師得爲通稱而臨時名耳是以或言軍或言師不必萬二千五百人爲軍也。三軍者何也。解云欲言先有不應言作欲言先无軍是常役故執不知問。注爲軍至官也。解云魯人前此止置司徒司空以爲將下各有小卿二人輔助其政其司馬事省蓋揔監而已故但有一小卿輔之今更置中軍司馬將之亦置二小卿輔助其政故曰爲軍置三卿官也然則問者云三軍者何師荅之云三卿也者謂言作三軍者正是致司馬之職三卿之官爲軍將也。注卿大至小異卿大夫者皆是爵號但大同小異而已若揔而言之皆曰卿大夫若別而異之乃貴者曰卿賤者曰大夫耳如此注者欲道一卿二大夫所以揔名三卿之意也。注方據至三卿。解云言卿與大夫析而言之其實有異而皆謂之卿者方据

上卿言其中下者適得卿稱故得通言三卿也其二小卿謂之中下者蓋二者相對有尊卑若似大司馬叙官云大司馬卿一人小司馬中大夫軍司馬下大夫然作三軍何以書欲問作多書乎作少書乎故復全舉句以問之。復扶又反

疏 注欲問至問之。解云欲道所以不直言何以書而舉作三軍者弟子之意欲問春秋之義書其作三軍者爲是嫌其作軍大多而書乎爲是嫌其大少而書乎故復全舉經文一句軍之顚數問之若直言何以書但問王書无以見其數故言此也譏何譏爾古者上卿下卿上士下士謚古制司馬官數古者諸侯有司徒司空上卿各一下卿各二司馬事省上下卿各一上士相上卿下士相下卿足以爲治襄公委任強臣國家内亂兵革四起軍職不共不推其原乃益司馬作中卿官踰王制故譏之言軍者本以軍數置之月者重錄之。省所景反相上息亮反下同治直吏反共音恭

疏 注說古制。解云言古者司馬一官但上卿一人下卿一人上士一人下士一人而已所以尒者以其事省不作軍將故也。注古者至爲治。解云何氏之意知古者但有司徒司空典事者正以詩云乃召司徒乃召司空不見司馬故知司馬事省揔監而已然則司

疏春秋公羊注疏襄公卷第十九

（疏）叔鄭又義由左氏傳文 故注為變叛鄭〇解云為楚

楚人執鄭行人良霄（霄音消〇）冬，秦人伐晉。（叛為楚）公至自會。〇

陳蔡違夷內得原乃與諸夏之事之叛故言此叛為楚

年諸不滿三十年至昭公之時以下同圍鄭年夏叔孫豹會晉荀偃

以不接下秦之十八年公會晉侯以下十四年夏叔孫豹會晉侯

以以會致者不諸其國則不致者何其國之叛二十年公會晉侯

則乃不致其後諸侯卒以其中國為主而不致者以會致是也

其三年三也公會晉侯以下又曰某某諸侯入于某年公會

于之盟于于某某十一年以下公會晉侯以下會盟會

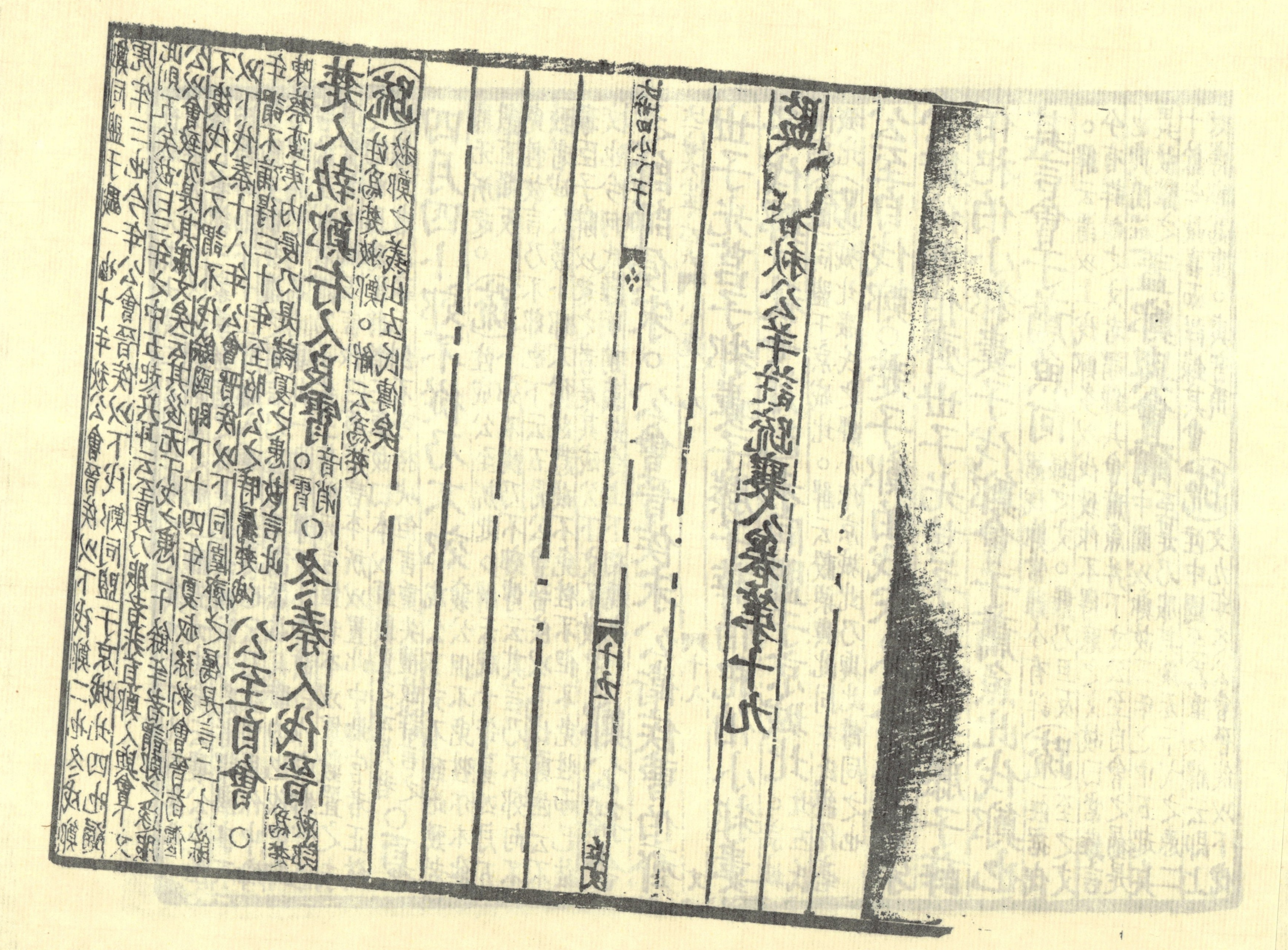

盟同盟于京師于某以某某及某以下

監本春秋公羊註疏襄公卷第二十 起十二年盡二十四年

何休學

十有二年春王三月莒人伐我東鄙圍台邑不言圍此其言圍何伐而言圍者取邑之辭也伐而不言圍者非取邑之辭也外取邑有嘉惡當書不直言取邑者深恥中國之無信也前九年伐得鄭同盟于戲楚伐鄭不救卒爲鄭所背中國以弱蠻荆以強兵革亟作蕭魚之會服鄭最難不務長和親復相貪犯故諱而言圍以起之月者加責之。台他來反又音臺背音佩亟去冀反難乃旦反長丁丈反

疏邑不言圍。解云隱五年冬宋人伐鄭圍長葛傳云邑不言圍注云據伐於餘丘不言圍也今此不注者從彼可知矣。注外取至責之。解云凡外取邑邑有所嘉有所惡皆當書見昭二十五年冬齊侯取運傳云外取邑不書此何以書爲公之也彼注云爲公取運以居公善其憂內故書者是其有嘉而書也宣元年六月齊人取濟西田傳云外取邑不書此何以書所以賂齊也曷爲賂齊爲弑子赤之賂也注云子赤齊外孫宣公篡弑之恐爲齊所誅爲是賂之故諱使若齊自取之者月者惡內甚於邾婁子益者是其有惡書也故言外取邑有嘉惡當書也然則外取魯邑有所嘉有所惡當書取今亦有所惡所以不直言取邑而言圍者深恥中國之無信故也云前九年伐得鄭知九年伐得鄭者以上言公會晉侯以下即言同盟于戲是其伐得之也言楚伐鄭不救者即下文楚子伐鄭經無救鄭之文是也言卒爲鄭所背者即十年夏楚公子貞鄭公孫輒帥師伐宋是其背諸夏之文云兵革亟作者即前年注云三年之中五起兵是也云蕭魚之會服鄭最難者正以三年之中五起兵然後得之直會于蕭魚蕭魚鄭人與會而已經無同盟之文故知服鄭最難矣云故諱而言圍以起之者不直言取而諱之言圍作無所嘉惡之文者欲以起禍深不可言故也知此莒人伐我東鄙圍台之經爲文者正以此傳作常文釋之云伐而言圍者取邑之辭也伐而不言圍者非取邑之辭也下十五年夏齊侯伐我北鄙圍成十七年秋齊侯伐我北鄙圍洮齊高厚帥師伐我北鄙圍防之屬皆從此文而不釋故知常文明矣若此是義之經至齊高厚之下傳當辭之云月者加責之者欲道下十七年秋齊侯伐我北鄙圍桃及高厚圍

監本春秋公羊注疏襄公卷第二十 盡二十四年

何休學

十有二年春王三月莒人伐我東鄙圍台

邑不言圍此其言圍何伐而言圍者取邑之辭

也伐而不言圍者非取邑之辭也

[illegible]

〔疏〕邑不言圍○[illegible]

台他來反又音臺[illegible]

[illegible]

亦責之者欲道下十七年秋齊侯伐我北鄙圍桃高厚圍防[illegible]

[illegible]屬皆不書月故知此特月加而責之故也而十五年閏成之下注云俱祀蕭魚此不月十二年月者疾始可知若正以去此勢近故令從此義十七年者差遠故不復解之。○季孫宿帥師救台遂入運入運者討叛也封內兵書者爲遂舉討叛惡遂者得而不取與不討同故言入起其事。疏注入運討叛也。解云昭元年三月取運運者何內之邑也其言取之何不聽也何氏云不聽者叛也不言叛者爲內諱故書取以起之然則運者是內邑而季孫入之故知討叛也。注封內兵書者爲遂舉。解云春秋之義封內之兵例所不書即定八年傳云公斂處父帥師而至經不書之是也今書救台與入運者爲惡季孫之遂是以舉之。注討叛至其事。解云春秋之義大夫出竟有可以安社稷利國家者專之可也然則討叛之事可以容其專之而惡其遂者正以得而不取與不討莫異知得而不取者正以經書入故也是以隱二年夏莒人入向之下傳云入者何得而不居也案下注云季孫宿遂取鄆以自益其邑然則此言得而不取者謂雖得運不取以入國家非謂全不取也言故書入起其事者以起其不取運以入國家之事也。大夫無遂事此其言遂何公不得爲政爾時公微弱政教不行故季孫宿遂取鄆而自益其邑。疏大夫無遂事云云。解云莊公十九年公子結之下已發此傳今此復言之者嫌討叛不惡遂故明之。注季孫宿至其邑。解云遂者專事之辭言季孫自專取鄆故言遂取鄆也知以自益其邑者正以討叛邑而不入國家故知以自益其邑也。○夏晉侯使士彭來聘。秋九月吳子乘卒至此卒者與中國會同本在楚後賢季子因始卒其父是後亦欲見其迭爲君卒皆不日吳遠于楚。迭大結反。疏夏晉侯使士彭來聘。解云考諸正本皆作士勭字若作士彭者誤矣。注至此至其父。解云案宣十八年秋楚子旅卒而吳至是乃書卒者正以與其中國會同本在楚後是以春秋略之不書卒但因季子之賢乃始卒其父矣僖十九年冬會陳人蔡人楚人鄭人盟于齊二十一年春宋人齊人楚人盟于鹿上秋宋公楚子陳侯以下會于霍成十五年冬叔孫僑如會晉士燮以下會吳于鍾離然則於傳聞之世楚人數與中國會同至所聞之世吳人乃會故云與中國會同本在楚後也知賢季子乃始卒其父者正以吳子乘不慕諸夏會大晚理宜略之今得書卒問其有因是以二十九年夏吳子使札來聘之下傳云吳

[illegible]

大夫無遂事此其言遂何[illegible]

[illegible]

無君無大夫此何以有君有大夫賢季子也何賢乎季子讓
國也賢季子則吳何以有君有大夫以季子爲臣則国宜有
君者也札者何吳季子之名也春秋賢者不名此何以名許
夷狄者不壹而足也季子者所賢也曷爲不足乎季子許人
臣者必使臣許人子者必使子也彼注云緣臣子尊榮莫不
欲與君父共之欲不足乎季子所以隆父子之親也以此言
之則知由賢季子卒其父也。注見後至爲君。解云今書
其父卒亦欲見其四子迭爲君之義故也襄二十九年傳云
其讓国奈何謁也餘祭也夷昧也與季子同母者四季子弱
而才兄弟皆愛之同欲立之以爲君謁曰今若是迮而與季
子國季子猶不受也請無與子而與弟弟兄迭爲君而致国
乎季子皆曰諾故諸爲君者皆輕死爲勇飲食必祝是其迭
爲君之事。注卒皆不日吳遠於楚。解云言皆不日者即
此文書九月下二十五年冬十二月吳子謁伐楚門于巢卒
昭十五年春王正月吳子夷昧卒之屬故云卒皆不日也言
吳遠於楚者正以宣十八年秋七月甲戌楚子旅卒下十三
年秋九月庚辰楚子審卒之屬皆書日故決之也凡爲人冝
道接而生恩楚邇於諸夏數會同親而邇近之故書其日吳
側海隅而與諸夏罕接故皆不日以見其遠也　○冬楚公子貞帥師侵宋

○公如晉

十有三年春公至自晉○夏取詩詩者何邾婁之邑也曷爲不繫乎邾婁諱亟也諱背蕭魚之會亟一取詩二傳作邿亟夫冀反注同背音佩

疏夏取詩者。解云正本皆作邿字有作詩字者誤。詩者何。解云欲言其国曾來未有欲言其邑又不繫国故執不知問○注諱背至會亟。解云正以上十一年蕭魚之會邾婁在其間故如此解

○秋九月庚辰楚子審卒○冬城防

十有四年春王正月季孫宿叔老會晉士匄齊人宋人衛人鄭公孫囆曹人莒人邾婁人滕人薛人杞人小邾婁人會吳于向月者危刺諸侯委任大夫交會彊夷臣日以強三年之後君若贅旒然。○囆勑邁反二傳作蠆向舒亮反綴旒知劉反又作丁㮣反一本作贅

[illegible]

十有四年春王正月莒子朱卒○夏衛孫林父自晉歸于衛

[illegible]○秋九月[illegible]

[illegible]

十有五年春王二月葬衛定公○三月乙巳仲嬰齊卒

○公會[illegible]

[illegible]

疏 注三年之後君若贅旒然者即下十六年春二月公會晉侯以下于湨梁戊寅大夫盟傳云諸侯皆在是其言大夫盟何信在大夫也何言乎信在大夫徧剌天下之大夫也曷為徧剌天下之大夫君若贅旒然彼注云旒旂旒贅繫屬之辭以旂旒喻者為下所執持東西者也 ○二月乙未朔日有食之是後衛侯為彊臣所逐出奔湨梁之盟信在大夫 疏 注是後衛至大夫 ○解云彊臣謂孫甯矣云湨梁之盟信在大夫者在下十六年春鄉已引之訖 ○夏四月叔孫豹會晉荀偃齊人宋人衛北宮結鄭公孫蠆曹人莒人邾婁人滕人薛人杞人小邾婁人伐秦○己未衛侯衎出奔齊日者為孫氏甯氏所逐後甯氏復納之者同當相起故獨日也不書孫甯逐君者舉君絕為重見逐說在二十七年○復扶又反 疏 叔孫豹會晉荀者○解云舊本作荀偃若作荀罃者誤○注日者至日也○解云凡諸侯出奔之例大国月重乖離之小国書時即桓十五年五月鄭伯突出奔蔡昭三年冬北燕

伯款出奔齊之屬是也今此書日故須解之為孫氏甯氏所逐者下二十六年傳云衛甯殖與孫林父逐衛侯而立公孫剽是也知後甯氏復納者亦彼傳文甯殖已死其子甯喜納之也云出納之者同當相起故獨日也者欲見其出納之者同故出入皆書見其一家之事其入書日之經即下二十六年二月甲午衛侯衎復歸于衛是也云不書孫甯逐君者謂衎之名見其當絕不合為諸侯云見逐說在二十七年者謂下二十七年夏衛侯之弟鱄出奔晉之下傳具道見逐之由也 ○莒人侵我東鄙○秋楚公子貞帥師伐吳○冬季孫宿會晉士匄宋華閱衛孫林父鄭公孫蠆莒人邾婁人于戚音慽○闕

十有五年春宋公使向戌來聘音恤○戊二月己亥及向戌盟于劉○劉夏逆王后于齊劉夏者何天子之大夫也劉者何邑也其稱劉何据宰

渠伯糾繫官。疏劉夏者何。解云欲言王臣文不言爵
劉夏户雅反。欲言諸侯臣而逆王后故執不知問。
劉者何。解云欲言官名經典未有欲言非官與宰咺文相
值故執不知問。注據宰渠伯糾繫官者卽桓四年夏天王
使宰渠伯糾
來聘是也。
以邑氏也
諸侯入爲天子大夫不得氏國
稱本爵故以所受采邑氏稱子
所謂采者不得有其土地人民采取其租稅爾禮記王制曰
天子三公之田視公侯卿視伯大夫視子男元士視附庸稱
子者參見義爲天子大夫亦可以見諸侯不生名亦可以
見爵亦可以見大夫稱傳曰天子大夫是也不稱劉子而名
者禮逆王后當使三公故貶去大夫明非禮也。采邑七代
反下謂采同租稅子奴反下舒銳反見義賢徧反下同大夫
稱尺證反疏注諸侯至稱子。解云知劉夏是諸侯入爲
去起呂反天子大夫者正以卒葬並書卽定四年秋七月
劉卷卒葬劉文公是也若直爲大夫者假令書卒不錄其葬
卽文三年夏五月王子虎卒經無葬文是也言不得氏國稱
本爵者謂不得氏本國不得稱本爵也其本國本爵今文
無記不可以指知也言故以所受采邑氏稱子者卽劉子尹
子單子之屬是也言其常文然不謂此經得稱子矣。注禮
記至附庸。解云公羊之義天子圻內不封諸侯故如此解

卽引王制以證之與左氏穀梁之義異若然案王制下文云
天子之縣內方百里之國九七十里之國二十有一五十里之
國六十有三凡九十三國名山大澤不以盼其餘以祿士以
爲間田鄭氏云大國九者三公之田三爲有致仕者副之爲
六也其餘三待封王之子弟次國二十一者卿之田六亦爲
有致仕者副之爲十二又三爲三孤之田其餘六亦待封王
之子弟小國六十三大夫之田二十七亦爲有致仕者副之
爲五十四其餘九亦以待封王之子弟三孤之田不副者以
其無職佐公論道耳雖其致仕猶可卽而謀焉以此言之天
子圻內九十三國言天子圻內不封諸侯者謂采地以爲國
比圻外諸侯由自采取其稅租而已不得假卽有其人民身
没之後子孫不世不得以諸侯難之。注稱子至是也。解
云參讀爲二三之三也言凡諸侯入爲天子大夫所以稱子
者三種見義何者正欲顯其爲天子大夫其稱子所以得三
見義者一則可以見諸侯不生名故曰子一則可以見其本
爵何者是圻外諸侯容其稱爵雖不得正稱其本爵亦得稱
子以見之一則可以見大夫稱故曰參見義也言傳曰天子
大夫是也者卽上傳云劉夏者何天子之大夫也是也。注
不稱至非禮也。解云桓八年冬十月祭公來遂逆王后于
紀傳云祭公者何天子之三公也何氏云婚禮成於伍先納

采問名納吉納徵請期然後親迎時王者遣祭公來使魯爲
媒可則因用魯往迎之不復成禮疾王者不重妃匹逆天下
之母若逆婢妾將謂海內何哉故譏之其注幷引親迎言之
則知何氏以爲天子親迎是以異義公羊說云天子至庶人
皆親迎所以重婚禮也者是何此注云禮逆王后當使三公
者蓋謂有故之時或者何氏此注云禮逆王后當使三公即
知何氏之意以爲不親迎與桓八年注云婚禮成於五云云
然後親迎者欲道士婚禮親迎之前仍有此五禮于時王者
不行不謂解天子親迎也又言疾王者不重妃匹云云者正
謂疾時王不行五禮不謂責親迎而異義公羊說云天子親
迎者彼是章句家說非何氏之意也云故娶去大夫明非禮
也者謂子是大夫之稱今娶而去之故曰娶去大夫也去其
大夫正稱非禮明矣故
云娶去大夫明非禮也 外逆女不書此何以書過
我也。明魯當共送迎之禮 過古禾反共音恭 ○夏齊侯伐我北鄙圍
成 俱紀蕭魚此不月十
二年月者疾始可知 疏 注俱紀至可知 ○解云即十
二年三月莒人伐我東鄙圍
台傳云邑不言圍此其言圍何伐而言圍者取邑之辭也彼
注云不直言取邑者深恥中國之無信也前九年伐得鄭同

盟于戲楚伐鄭不救卒爲鄭所背中國以弱蠻荊以強兵革
亟作蕭魚之會服鄭最難不務長和親復相貪犯故諱而言
圍以起之月者加責之然則今齊侯伐我北鄙圍成者亦是
取邑之辭但深恥諸夏之無信故言圍以起之然則齊侯不
務長和親復相貪犯背蕭魚
約而特不月者疾始可知也 公救成至遇其言至遇
何 据季孫宿救
台不言所至 疏 注据季至所至。解云即上十二年
春季孫宿帥師救台遂入運是也。
不敢進也 兵不敵不敢進也不言止次如公次于郎以
刺之者量力不責重民也故與至巂同文封
内兵書者爲不進張本。巂
戶圭反又因宛反爲于僞反 疏 注不言至民也云云。解
云莊三年公次于郎傳云
其言次于郎何刺欲救紀而後不能也彼注云恶公既救人
辟難道還故書其止次以起之是也正以此量力不責之則
知莊公三年者力能救之而不敢救故刺之云故與至巂同
文者僖二十六年春公追齊師至巂弗及是也然則彼言至
巂此言至遇故言與至巂同文彼下注云國內兵不書而舉
地者善公郤師去則止不遠勞百姓過復取勝得用兵之節
故詳錄之即襄公亦力不能敵不忍戰殺其民至遇則止亦
得用兵之宜故與之同文。注封內云云。解云定八年傳

[illegible]

八月丁巳，日有食之。[illegible]

○邾人伐我南鄙。[illegible]

○冬十有一月癸亥，晉侯周卒。[illegible]

十有六年春王正月，葬晉悼公。○三月，公會晉侯、宋公、衛侯、鄭伯、曹伯、莒子、邾子、薛伯、杞伯、小邾子于溴梁。[illegible]

○戊寅，大夫盟。[illegible]

諸侯皆在是，其言大夫盟何？[illegible]

信在大夫也。[illegible]

何言乎信在大夫？[illegible]

遍刺天下之大夫也。[illegible]

上下也徧剌天下之大夫也曷爲徧剌天下之大夫據戊寅不剌之。徧剌者音遍下及下同疏注據戊寅不剌之。解云不復言上戊寅者上已言之從可知省文君若贅旒然旒旂旒贅繫屬之辭若今俗名就壻爲贅壻矣以旂旒諭者爲下所執持東西旒者其數名禮記玉藻曰天子旂十有二旒諸侯九卿大夫七士五不言諸侯之大夫者明所剌者非但會上大夫并徧剌天下之大夫不殊內大夫者欲一其文見惡同也至此所以徧剌之者蕭魚之會服鄭最難諸侯勞倦莫肯復出而大夫常行三委于臣而君遂失權大夫故得信失故孔子曰唯器與名不可以假人不重出地者與三年雞澤大夫盟同義。贅章銳反本又作綴丁衞反又丁劣反繫屬也旒音留本又作流旌旗之旒屬音燭見惡賢徧反難乃旦反復扶又反重直用反疏注若今俗名就壻爲贅壻矣。解云亦是妻所特挈故名之云爾。注禮記玉藻。解云案今禮記玉藻即無此文唯禮說稽命徵及含文嘉皆云天子旗九刃十二旒曳地諸侯七刃九旒齊軫卿大夫五刃七旒齊較士三刃五旒齊首而言玉藻誤也云不言至大夫者注已云不言諸侯之大夫者起信在大夫分又言此者謂不

言諸侯之大夫有兩種之義非但起信在大夫明徧剌天下之大夫也云不殊內大夫者欲一其文見惡同也者欲道上三年雞澤之會殊叔孫豹不一其文者非唯彼大夫之過豹惡亦可見故也云諸侯勞倦莫肯復出而大夫常行三委于臣而君遂失實權大夫故得信在者謂上十一年蕭魚之會以來十四年春季孫宿叔老會晉士匄以下于向夏叔孫豹會晉荀偃以下伐秦冬季孫宿會晉士匄以下于戚之屬是諸侯不出大夫常行也云故孔子曰唯器與名不可以假人者家語文成二年左傳亦有此言云不重出地者與三年雞澤大夫盟同義者即上注云不重出地有諸侯在臣繫君故因上地是也晉人執莒子邾婁子以歸録以歸者甚惡晉有罪無罪皆當歸京師不得自治之。惡烏路反疏注録以至治之。解云稱人以執非伯討已是晉之惡也復言以歸不決於天子又是其惡故其録以歸者甚惡晉矣○齊侯伐我北鄙○夏公至自會。五月甲子地震是時溴梁之盟政在臣下其後叛臣二弑君五楚滅舒鳩齊侯襲莒乖離出奔兵事最甚疏注其後叛臣二者。解云即下二十三年夏晉欒盈復入于晉入于曲沃二十

六年春衛孫林父入于戚以叛是也二云弑君五者即下二十五年夏齊崔杼弑其君光二十六年春衛甯喜弑其君剽二十九年夏閽弑吳子餘祭三十年夏蔡世子般弑其君固三十一年冬莒人弑其君密州之屬是也二云楚滅舒鳩者即下二十五年秋楚屈建帥師滅舒鳩是也二云齊侯襲莒者在下二十三年冬二云來奔出奔者即下二十七年宋華臣出奔陳二十年蔡公子履陳侯之弟光出奔楚之屬也叔老會鄭伯晉荀偃者正本作荀偃若有作荀罃者誤矣○叔

老會鄭伯晉荀偃衛甯殖宋人伐許○秋齊侯伐我北鄙圍成○大雩先是伐許齊侯圍成勤民之應○冬

叔孫豹如晉

十有七年春王二月庚午邾婁子瞷卒○瞷音閑或下好反左氏作牼○宋人伐陳○夏衛石買帥師伐曹○秋齊侯伐我北鄙圍洮○洮他刀反左氏作桃○齊高厚帥

師伐我北鄙圍防○九月大雩比年仍見圍不賑恤民之應○宋華臣出奔陳○冬邾婁人伐我南鄙

十有八年春白狄來白狄者何夷狄之君也何以不言朝不能朝也○言朝直遥反下同疏白狄者何○解云欲言其君經不書朝欲言其臣不見名氏故執不知問○夏晉人執衛行人石買○秋齊師伐我北鄙○冬十月公會晉侯宋公衛侯鄭伯曹伯莒子邾婁子滕子薛伯杞伯小邾婁子同圍齊曹伯負芻卒于師○楚公子午帥師伐鄭

十有九年春王正月諸侯盟于祝阿下有執不日者善同

伐齊故褒與信辭。祝阿二傳作祝柯。【疏】下有至信辭。解云公羊之義不信者日，今上文同盟下即執邾婁子是爲不信而不日者褒與信辭故也。晉人執邾婁子。公至自伐齊。

此同圍齊也何以致伐。据諸侯圍許致圍。【疏】注据諸侯圍許致圍者。解云即僖二十八年冬諸侯遂圍許二十九年公至自圍許是也。未圍齊也。故致伐起。未圍齊則其言圍齊何。抑齊也。曷爲抑齊。据侵蔡伐楚猶不抑。【疏】注据侵至不抑。解云即僖四年春王正月公會齊侯以下侵蔡蔡潰遂伐楚是也言猶不抑者正以楚爲彊夷數害諸侯論深淺甚於齊矣猶不抑之故以爲難也。爲其亟伐也。或曰爲其驕蹇使其世子處乎諸侯之上也。以下葬略或說是也亟伐者并數爾加圍者明當從滅死二等奪其爵土。爲其于僞反下同亟去冀反注同驕蹇紀橋反本又作驕下紀輦反并數必王反下所王反下數年同。【疏】或曰爲其至上也。解云即上十一年夏公會晉侯以下伐鄭之時齊世子光在於莒子之上之屬是也。注以下至是也。解云下葬略者即下文冬葬齊靈公注云不月者抑其父嫌子可得無過故奪臣子恩明光代父從政處諸侯之上不孝也者是正以葬是生者之事故略其父葬得惡其子則知或說近其義也。云亟伐者并數爾者即上圍成圍洮圍防之屬故言并數爾必如此解者正以宣九年秋取根牟傳云根牟者何邾婁之邑也曷爲不繫乎邾婁諱亟也注云亟疾也屬有小君之喪邾婁子來加礼未期而取其邑故諱不繫邾婁也然則彼言亟者謂上有小君薨邾婁來加礼於魯未朞而伐取邑背信大疾故云亟今此直是頻數伐魯故云亟故須解云亟伐者并數爾以別彼文。注加圍者至爵土。解云据未圍而言圍故謂之加也莊十年傳云觕者曰侵精者曰伐戰不言伐圍不言戰入不言圍滅不言入書其重者然則用兵之道滅爲最甚入次之圍次之今加言圍輕於滅入二等明不合死但合黜爵滅土耳。

取邾婁田自漷水。其言自漷水何。据齊人取濟西田不言自濟水。漷火虢反徐音郭取濟子礼反下同。【疏】注据齊人至濟水。解云即宣元年夏六月齊人取濟西田是也。以漷爲竟也。何言乎以漷爲竟。据取邑未

[illegible]

○季孫宿如晉○葬曹成公○夏衛孫林父帥師伐齊○秋七月辛卯齊侯環卒[illegible]

○晉士匄帥師侵齊至穀聞齊侯卒乃還

（疏）[illegible]

還者何善辭也何善爾大其不伐喪也此受命乎君而伐齊則何大其不伐喪

[illegible]

大夫以君命出進退在大夫也

[illegible]

解也云故起時善之者正以士匄此事實依古礼但時莫能然特以爲善故云起時善之云言乃者士匄有難重發君命之心故見之者正以宣八年傳云乃者何難也今又言乃故以重難解之而言重者正以乃難於而故彼注云言乃者内而深言而者外而淺故此云重難也云言至穀者未侵齊也者上十五年夏公救成至遇傳云其言至遇何不敢進也然則彼言至者不進之文今至穀即聞其喪明其未行侵故云言至穀者未侵齊也云言聞者在竟外者正以古礼無人爲君齊䘮三月若其入竟即弃而知之何道聞乎故知此解也云弃侵者張本者若如上説本未入齊但在竟外聞喪而言侵者爲下張本耳

○八月丙辰仲孫蔑卒○齊殺其大夫高厚○鄭殺其大夫公子喜○喜二傳作嘉（疏）鄭殺至子喜○解云左氏穀梁作公子嘉也○冬葬齊靈公不月者抑其父嫌子可得無過故奪臣子恩明光代父從政虧諸侯之上不孝也○（疏）注不月至不孝也○解云正以卒日葬月終于春秋爲大國之例今葬不書月故須解之言抑其父者即上十九年傳云夫圍齊則言其圍齊何抑齊也曷爲抑齊爲其亟伐也或曰爲其驕蹇使其世子勲乎諸侯之上也是也言嫌子可得無過者正以明王之制父子兄弟罪不相兼故也故奪臣子恩者正以葬是生者之事故略其父葬不書其月可以奪臣子恩也言明光代父從政虧諸侯之上不孝也者正以孝子之道見父母不義之事不合從父之命虧其人君之上焉得爲孝乎故去其父葬月以見之○

○城西郛言西郛者据鄟城録道東西○叔孫豹會晉士匄于柯○柯古河反○城武城

二十年春正正月辛亥仲孫遬會莒人盟于向○遬音速○夏六月庚申公會晉侯齊侯宋公衛侯鄭伯曹伯莒子邾婁子滕子薛伯杞伯小邾婁子盟于澶淵○澶市然反○秋公至自會○仲孫遬帥師伐邾婁○蔡殺其大夫公子燮○蔡公子履出奔楚○陳侯之弟光出奔楚

爲二慶所譖還在二十三年○弟光左氏傳作弟黃疏注爲二慶至三年○解云即下二十三年經云陳殺其大
夫慶虎及慶寅陳侯之弟光自楚歸于陳注云前爲二慶所譖出奔楚楚人治其罪陳人誅二慶反光故言歸宋大夫山
諸華元賊之而今此不賊者殺二慶而光歸譖光可知者即其義也○叔老如齊○冬

十月丙辰朔日有食之自溴梁之盟臣恣日甚故比年日食疏注自溴至
日食○解云自上十六年溴梁之盟信在大夫以來臣之於恣日日甚矣言比年日食即下二十一年秋九月庚戌朔日
有食之冬十月庚辰朔日有食之二十二年春王二月癸酉日有食之是也○季孫宿如宋

二十有一年春王正月公如晉月者溴梁之盟後中國方乖離善公獨能與大國疏注月者至大國○解云正以朝聘例時故如此解○邾婁庶其以
漆閭丘來奔邾婁庶其者何邾婁大夫也邾
婁無大夫此何以書据快无氏○漆音七閭力於反快苦夬反疏邾婁庶其
者何○解云欲言其君經不書爵欲言其大夫邾婁无大夫故執不知問○注据快无氏○解云即昭二十七年冬邾婁
快來奔是其无氏即不合書見之義問者見快不書氏知邾婁无大夫既无大夫何以特書庶其乎故難之然案下二十
三年夏邾婁鼻我來奔何故不据鼻我而要以据快者正以鼻我以二字爲稱嫌鼻我爲字若其据之於義不明故如此
注他重地也惡受叛臣邑故重而書之不言叛者舉地言奔則魯坐受與庶其叛兩明故省文也○惡烏路
反○夏公至自晉○秋晉欒盈出奔楚○九
月庚戌朔日有食之○冬十月庚辰朔日有
食之○曹伯來朝○公會晉侯齊侯宋公衛
侯鄭伯曹伯莒子邾婁子于商任○任音壬○十
有一月庚子孔子生時歲在己卯○庚子孔子生傳文上有十月庚辰此亦十月也
一本作十一月庚子又本无此句疏經十有一月庚子孔子生○解云左氏无此言則公羊經從後記之○注

咸時在己卯者○解云何氏自有長曆不得以左氏難之
二十有二年春王正月公至自會月者危公前彊隨鄭有邾
婁地又受其叛臣邑而今與魯不於上會月者與日食同月不得復見○與音預見賢徧反疏注月者危公者
○解云正以凡致例時故如此解云前彊隨鄭有邾婁地者即上十九年春取邾婁田自漷水是也云又受其叛臣邑者
即上二十一年春邾婁庶其以漆閭丘來奔是也云不於上會云云者言所以不於上商任會時書月以見危者正以吉
上冬十月庚辰朔日有食之同在十月不得見出義是以於此危○夏四月○秋七
月辛酉叔老卒○冬公會晉侯齊侯宋公衛
侯鄭伯曹伯莒子邾婁子滕子薛伯杞伯小
邾婁子于沙隨公至自會○楚殺其大夫公
子追舒

二十有三年春王二月癸酉朔日有食之○
三月己巳杞伯匄卒匄古害反○夏邾婁鼻我來
奔邾婁鼻我者何邾婁大夫也邾婁無大夫
此何以書以近書也以奔无他義知以治近升平書也所傳聞世見治始起外諸夏
錄大略小大國有大夫小國略稱人所聞之世內諸夏治小如大國廩廩近升平故小國有大夫治之漸也見於邾婁者自
近始也獨舉一國者時亂實未有大夫治之不失其實故取足張法而已○鼻我二傳作畀我以治直吏反下見治治之
漸同近升平附近之近下近升同傳直專反見治賢徧反下同疏邾婁鼻我者何○解云已解於上○以近書也
者○解云以其治近於升平故復書之○注以奔至而已○解云莊二十四年冬曹羈出奔之下傳云曹无大夫此何以
書賢也何賢乎曹羈三諫不從遂去之故君子以為得君臣之義也然則曹羈得諫義是以書之上二十一年邾庶其之
奔傳云邾婁无大夫此何以書重地也昭五年夏莒牟夷以牟婁及防茲來奔傳云此何以書重地也然則庶其牟夷皆

以重地故書悉非常例今此鼻我無三諫之善無溢士之惡宜奔而已更無它義而得書見知以治近升平之故也云見於邾婁者自近始也者正以地接于魯故先治之也云治亂不失其實故取足張法而已者言孔子作春秋欲以撥亂世多率小國悉有大夫則恐文害其理故曰治亂不失其實也今鼻我更無他義而得書見明其張三世之法故曰取足張法而已

○葬杞孝公

○陳殺其大夫慶虎及慶寅

○陳侯之弟光自楚歸于陳 前為二慶所譖出奔楚楚人治其罪陳人誅二慶及光故言歸宋大夫山譖華元貶此不貶者殺二慶而光歸譖光可知○譖側鴆反 疏注前為至言歸○解云在上二十年秋云歐言歸者正以歸者出入無惡之文故也云宋大夫山譖華元貶者即成十五年秋宋華元出奔晉宋華元自晉歸于宋宋殺其大夫山何氏云不氏者見殺在華元歸後嫌直自見殺者故貶之明以譖華元故今此殺二慶之後光乃歸歸者出入無惡之文則知譖光明矣

○晉欒盈復入于晉入于曲沃曲沃者何晉之邑也其言入于晉入于曲沃何 据當奔重○復扶又反注同 疏曲沃者何○解云欲言晉邑卑當奔重欲言非晉邑繫晉言之故執不知問

欒盈將入晉晉人不納由乎曲沃而入也 欒盈本欲入晉篡公大夫位晉人不納更入於曲沃得其士衆以入晉國曲沃大夫當坐故復言入篡公大夫位例時 疏注欒盈本至例時○解云復入者出無惡之文故知其入欲有所篡也不直言入又無叛文故知不篡君位也其惡之文不繫於篡公君故知正欲篡公大夫也云曲沃大夫當坐故復言入也正以入者出入惡之文而入于曲沃故知從晉欲曲沃之時有罪明矣曲沃大夫受納有罪之人故云當坐春秋欲見此義故不牽重復書入于曲沃矣云篡公大夫位例時者正以經書夏故知例時昭二十一年夏宋華亥向甯華定自陳入于宋南里以畔定十一年秋宋樂世心自曹入于蕭之屬皆是也

○秋齊侯伐衛遂伐晉八月叔孫豹帥師救晉次于雍渝曷爲先言救而後言次 据次于聶北救邢○渝羊朱反左氏作榆聶女輒反 疏注据次至救邢○解云即僖元年春齊師

宋師曹師次于聶北救邢是也先通君命也惡其不遂君命而專止次故先通君命言救○惡烏路反○己卯仲孫遬卒○冬十月乙亥臧孫紇出奔邾婁○紇恨發反○晉人殺欒盈曷爲不言殺其大夫据篡公得大夫之位疏注据篡公至之位○解云正以夏已入晉冬乃殺之傳又云曷爲不言殺其大夫故知篡得大夫之位矣非其大夫也明非君所置不得爲大夫無大夫文而殺之稱人者從討賊辭大其除亂也疏注明非至亂也○解云公羊之例大夫自相殺稱人即文九年晉人殺其大夫先都之屬是今無大夫之文稱人者欲從衛人殺州吁齊人殺無知之屬是討賊之辭故也實非篡公而作討賊之辭者大其除亂也○齊侯襲莒

二十有四年春叔孫豹如晉○仲孫羯帥師侵齊○仲孫羯本又作褐亦作竭同居竭反○夏楚子伐吳○秋七月甲子朔日有食之既是後楚滅舒鳩齊崔杼衛甯喜弑其君疏注是後至其君○解云二十五年秋楚屈建帥師滅舒鳩二十五年夏齊崔杼弑其君光二十六年春衛甯喜弑其君剽是也○齊崔杼帥師伐莒○大水前此叔孫豹救晉仲孫羯侵齊比興師衆民怨之所生也八月癸巳朔日有食之與甲子同疏注與甲子同○解云在上七月也○公會晉侯宋公衛侯鄭伯曹伯莒子邾婁子滕子薛伯杞伯小邾婁子于陳儀○陳儀二傳作夷儀二十五年同○冬楚子蔡侯陳侯許男伐鄭○公至自會○陳鍼宜咎出奔楚○咸本又作鍼其廉反咎其九反○叔孫豹如京師○大饑有死傷曰大饑無死傷曰饑疏于陳儀左氏與穀梁作夷儀○注有死傷曰大饑○解云正以諸經直言饑此加大故也

卷第二十